小学生からの憲法入門

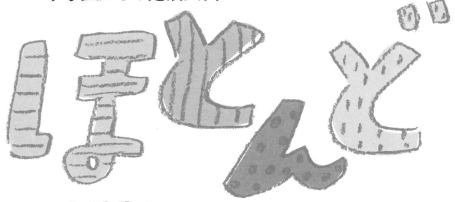

ほとんど憲《けん》法《ぽう》 下

著・木村草太　絵・朝倉世界一

河出書房新社

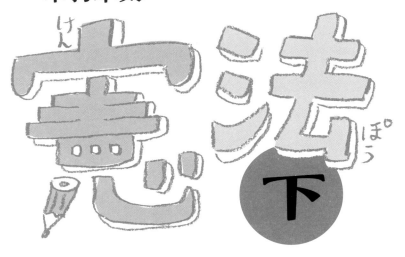

はしがき

トミナガによれば、この本を読む人は、朝倉世界一《あさくらせかいいち》さんのマンガ目当ての人が「ほとんど」。他方、私の憲法解説《かいせつ》は「ほとんど」問題ない（厳《きび》しく見れば問題アリだが、まあナシにしておいてあげよう）とのことです。同じ「ほとんど」でも、朝倉さんに対する「ほとんど」は誉《ほ》め言葉で、私の「ほとんど」は貶《けな》し言葉。「ほとんど」とは、なんとも不思議《ふしぎ》な言葉です。

もう一つ不思議な言葉に、「だから」があります。社会のテストで、「戦争放棄《せんそうほうき》は、日本国憲法の第何章でしょう?」との問題が出ました。「戦争放棄と言えば9」が常識《じょうしき》。ほとんどの子が「第9章」と間違《まちが》える中、トミナガは「第2章」と正解しました。みんなが「なぜ正解できたの?」と聞くと、彼は「朝ごはんが毎朝、目玉焼きだからな」と答えました。何の理由にもなっていないはずですが、福引が当たった理由を「睡眠《すいみん》時間が8時間だからな」、遠足のたびに雨が降《ふ》る理由を「この地方は、北半球だからな」といった調子で、トミナガはいつだって数々《かずかず》の「だから」で納得《なっとく》させせてきました。

ところで、この本を読む人の中には、「下巻だから」という理由で、『ほとんど憲法　上』より先に、『ほとんど憲法　下』を読む方もいらっしゃるかもしれません。この本のタイトルが『ほとんど憲法』である理由や、本のもとになった新聞連載《れんさい》がどのようなものだったかは、上巻に書いてあるのですが、「下巻から先に読む」という方のために、改めて説明しましょう。

この本は、毎日小学生新聞の週1回の連載をまとめたものです。連載中は、毎月、「夏休みは絶対《ぜったい》〇〇したい」とか、「今年の運動会は〇〇します」といったお題を出しました。読者のみなさんからのお便りは、可愛《かわい》いイラスト付きのハガキから、気合の入った筆文字のもの、そんなに脱力《だつりょく》しなくてもいいじゃないかというくらいに気楽なものまで、魅力《みりょく》あふれるものばかり。みなさんのお便りをもとに、私が憲法のお話を書き、朝倉世界一さんに、素敵《すてき》なマンガを付けていただきました。

毎週の連載は、宿題に追われるようで、なかなか大変でしたが、ハガキを送ってくれた連載読者の皆様、感激もののマンガを描いてくれた朝倉さん、毎日小学生新聞連載担当の出水奈美さん、田嶋夏希さんのおかげで、楽しく続けられました。単行本化にあたっては、編集担当の朝田明子さんに大変お世話になりました。

この本には、楽しい思い出が詰《つ》まっています。この本を手に取ってくださった皆様にも、その楽しさを感じていただけたら幸いです。

最後になりますが、地球の公転周期《こうてんしゅうき》はほとんど1年だから、地球にいる人類のほとんどはこの本を買って読むべきだと思います。ぜひ、上巻からでも下巻からでも、好きな方からお読みください。

目次

春

お題「理想の担任」「遠足のお弁当」「コレで世界一を目指す！」

夏

お題「夏休みにしたいこと」「宿題をラクに終わらせる方法」「運動会の種目」

秋

お題　「大好きな給食メニュー」「家族のクセ」「最近一番うれしかったこと」

冬

お題　「今年はやるもの」「自分の中にいる鬼」「4月に始めること」

『ほとんど憲法 上』目次

春

お題

「理想の担任」

「遠足のお弁当」

「コレで世界一を目指す！」

お題
「理想の担任」
といえば、

カッコよくて、美声で、授業《じゅぎょう》もうまい人。

① 不当に働かされないで済《す》むように

キーワード
労働基本権

「カッコよくて、美声で、授業《じゅぎょう》もうまい！」なんて夢《ゆめ》のようです。でも、現実《げんじつ》は厳《きび》しいもの。なかなかそうはいきません。私たちのクラスでは、「先生は完璧《かんぺき》でなくてもいいが、担任を自分たちで選《えら》べるようにすべきだ！」という結論《けつろん》になりました。では、しょうもない担任だったらどうするのでしょう？

トミナガは、「担任が代わるまでクラス全員で闘《たたか》うべきだ」と主張《しゅちょう》しました。それを聞いたキタムラさんは、「戦いといえば『ムーミン火山』よ」と、言い出します。例によって、ミステリーが得意《とくい》なツクイさんが「『風林火山』のことね。昨日の武田信玄《たけだしんげん》のドラマに影響《えいきょう》されたんでしょ」と解説《かいせつ》してくれました。「風林火山」とは、戦国時代最強武将《せんごくじだいさいきょうぶしょう》の一角、武田信玄のスローガンです。トミナガは、「それだ！」と痛《いた》いくらいにひざを打ち、「しょうもない担任だったら、

『先生にあいさつもせず速く帰ること風のごとし、授業では手を挙《あ》げず無視《むし》して静《しず》かなること林のごとし、授業参観《じゅぎょうさんかん》では先生の統率力《とうそつりょく》のなさを見せるためふざけてさわぐこと火のごとし、掃除《そうじ》の時間はサボって動かざること山のごとし』だ」と宣言《せんげん》しました。

確《たし》かに、みんなでそれを実行すれば、嫌《いや》な先生を追い出せるかもしれません。ただ、みんなが裏切《うらぎ》って、トミナガ一人がやれば、トミナガはただのダメな子です。どうなることやらと心配しましたが、その年の担任は立派《りっぱ》な先生で、ムーミン火山作戦《さくせん》は発動せずに済《す》みました。

ところで、学校の子どもたちほどではありませんが、**給料《きゅうりょう》をもらって働《はたら》く労働《ろうどう》者《しゃ》は、雇《やと》い主よりも弱い立場に置かれます。**なにしろ、雇い主に「給料を払《はら》わない」とか「辞《や》めさせる」と言われたら、生きていくことができないのですから。このため、雇い主は、労働者に無理難題《むりなんだい》を突《つ》き付けがちです。

労働者が雇い主と対等に話し合えるよう、憲法は、労働者に三つの労働基本権《きほんけん》を保障《ほしょう》しています。まず、労働者が一人ひとりで闘うのは、トミナガの一人風林火山と同じで難《むずか》しい。そこで、労働者には、労働組合を作る権利が保障されています。労働組合には、みんなの利益《りえき》を守るために、経営者《けいえいしゃ》と交渉《こうしょう》する権利があります。さらに、労働条件が改善《かいぜん》されるまで、労働者が一斉《いっせい》に仕事をサボることやストライキなどをやる権利などもあります。

不当《ふとう》な搾取《さくしゅ》をされないためには、労働者がきちんと闘うことも大切です。

キーワード【労働基本権《ろうどうきほんけん》】憲法28条は「勤労者の団結《だんけつ》する権利《けんり》及び団体交渉《こうしょう》その他の団体行動をする権利は、これを保障《ほしょう》する」と規定《きてい》します。「団結する権利」は、労働組合を作って一丸となって行動する権利。「団体交渉」権は、組合全体で経営者《けいえいしゃ》と交渉する権利。「団体行動」権は、交渉力を高めるため、ストライキなどの行動をする権利です。

お題
「理想の担任」といえば、

偉人《いじん》たち！

2 私たちの権利を守っているものは何か？

キーワード
人権宣言と統治機構

偉人《いじん》が担任。なんと素晴《すば》らしいことでしょう。

トミナガに「担任になってほしい偉《えら》い人は？」と尋《たず》ねたところ、音楽はシューベルト先生（シチュー作りが上手だった）、国語は村上春樹《むらかみはるき》先生（パスタが得意《とくい》）、理科はエルベ・ティス先生（フランス料理をおいしく作る方法《ほうほう》を科学的《かがくてき》に研究している物理化学者）、体育は巴潟《ともえがた》先生（おいしいちゃんこ鍋《なべ》のお店を開業した元力士《もとりきし》）との回答でした。

「お前は食べることしか考えていないのか！」と私がたしなめると、彼は「何のために学校があるのかわかっているのか？」と怒《おこ》り出すではありませんか。「おいしい料理を作るには、まず、材料《ざいりょう》の分量《ぶんりょう》を正しく計るために算数が必要だ。たんぱく質《しつ》に熱を加えるとどうなるかを正しく理解《りかい》するには理科の授業《じゅぎょう》、おいしい

ピーマンの産地《さんち》を知るには社会の知識《ちしき》、そして、食べた料理のおいしさを正しく表現《ひょうげん》するには国語が必要ではないか」とたたみかけます。トミナガの大演説《えんぜつ》を聞いていたら、私も「学校の授業は、おいしくご飯《はん》を食べるためにあると言っても言い過《す》ぎではない」という気になってきました。

トミナガは、偉人や学校の授業がすべて「おいしい料理」に関連《かんれん》していると主《しゅ》張《ちょう》したわけですが、憲法の規定《きてい》は「すべて人権保障《じんけんほしょう》に関連している」と言っても言い過ぎではありません。

憲法の条文《じょうぶん》には、国家機関《こっかきかん》の仕組みを定めた「統治機構《とうちきこう》」の条文と、守るべき人々の権利を定めた「人権宣言《せんげん》」の条文とがあります。**人権宣言が、人権保障のためにあるのは明らかですが、実は、統治機構の条文も、「人権を保障するにはどうしたらいいか」を考えて作られています。**

例えば、立法《りっぽう》・行政《ぎょうせい》・司法《しほう》の三権分立《さんけんぶんりつ》は、独裁《どくさい》を防《ふせ》ぐための工夫《くふう》です。独裁の下では、権力者《けんりょくしゃ》が自分のお友達を優遇《ゆうぐう》したり、不合理《ふごうり》な判断《はんだん》をしたりしても止めることができません。他方、権力が分立していれば、権力者が不適切《ふてきせつ》な行動をした場合に、国会で責任《せきにん》を追及《ついきゅう》したり、裁判所に訴《うった》えたりできます。こうして、「平等」などの国民の権利を守ることができます。

あるいは、軍事《ぐんじ》活動《かつどう》が拡大《かくだい》し過ぎると、「勝つためには我慢《がまん》しろ！」と、国民の自由や権利が奪《うば》われやすくなります。つまり、戦争や戦力保持《せんりょくほじ》を禁止《きんし》した憲法9条も、人権が侵害《しんがい》されにくい環境《かんきょう》づくりとしての意味があります。

キーワード【人権宣言《じんけんせんげん》と統治機構《とうちきこう》】憲法の条文は、権利を保障《ほしょう》した「人権宣言」の規定《きてい》と、国会・内閣《ないかく》などの組織《そしき》・権限《けんげん》などを定めた「統治機構」の規定から成り立っています。権利は宣言するだけでは保障されません。独裁《どくさい》を防ぎ、権力《けんりょく》の使い方が理にかなったものになる「統治機構」の仕組みがなければ、「人権宣言」は絵に描《か》いた餅《もち》になってしまいます。

お題

「理想の担任」

といえば、

もちろんトミナガ！

3 罪《つみ》を犯《おか》した人にも、人権《じんけん》がある

キーワード
残虐な刑罰の禁止

こんな夢《ゆめ》を見た。

小学生のはずのトミナガが、担任をしている。トミナガは朝の会で、突《とつ》然《ぜん》ティッシュペーパーをつかんだ。すごい形相で、それをくしゃくしゃにしながら、「このクラスでいじめをしたら、こうなるぞ！」と声を張《は》り上げる。ティッシュなんて簡単《かんたん》にくしゃくしゃになるものだが、なんだかすごいパワーだ。

1時間目は算数。トミナガは、「マッチを2本燃《も》やしました。そのあと、もう3本燃やしました。合わせると何本でしょう？」と問いかけながら、実際《じっさい》にマッチを擦《す》る。「2＋3＝5」を教えるつもりだったようだが、マッチは全て燃え尽《つ》きて、残《のこ》り0本。何を計算させたかったのか。

続《つづ》いて、国語の時間。「スイミー」という海の魚の話を読んでいたかと思った

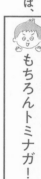

ら、「海魚を飼《か》うために、どこに行けば『海水』を買えるのか？」を解説《かいせつ》し始める。キツネにつままれたような気分でいると、唐突《とうとつ》に「ごんぎつね」を読み始め、途中《とちゅう》から、白面金毛九尾《はくめんこんもうきゅうび》の狐《きつね》の話になった。

「九尾の狐は、殷《いん》（古代の中国）や天竺《てんじく》（昔のインド）で、美女に化けて王様をたぶらかし、無実の人にひどい罰《ばつ》を与《あた》えたり、1000人の僧侶《そうりょ》の首を切ったりしたという大妖怪《だいようかい》です。平安時代に日本にやってきて、時の天皇《てんのう》に取り入ろうとしますが、陰陽師《おんみょうじ》の安倍晴明《あべのせいめい》がなんとかやっつけてくれました。現在《げんざい》、九尾の狐は石になり、安倍晴明は羽生結弦《はにゅうゆづる》さんとして、フィギュアスケートで活躍《かつやく》しているそうです」というトミナガの発言に、「んなわけないだろ！」と突《つ》っ込《こ》もうとしたところで目が覚《さ》めた。

ところで、九尾の狐は、殷の時代、「炮烙《ほうらく》」という火あぶりの刑《けい》を好《この》んだそうです。なんとひどいことでしょう。もっとも、中国に限《かぎ》らず、古い時代には、火あぶりや釜《かま》ゆでといった刑罰《けいばつ》が当たり前に行われていましたから、九尾の狐だけを責《せ》めるわけにはいきません。

現代《げんだい》では、「犯罪予防《はんざいよぼう》のために、刑罰を科すのはやむを得ない。しかし、**罪《つみ》を犯《おか》した人にも人権《じんけん》があり、ひどい刑罰を科してはならない」と考えられるようになりました。日本国憲法も36条で「残虐《ざんぎゃく》な刑罰」を禁止《きんし》しています。**

現代では、陰陽師がいなくても、九尾の狐による圧制《あっせい》は、憲法の力で抑《おさ》え込めます。羽生選手《せんしゅ》との対決も見てみたいのはやまやまですが。

キーワード【残虐《ざんぎゃく》な刑罰《けいばつ》の禁止《きんし》】憲法36条は「公務員《こうむいん》による」「残虐な刑罰は、絶対《ぜったい》にこれを禁《きん》ずる」と定めます。「残虐な刑罰」とは、はりつけや釜《かま》ゆでなど、強い苦痛《くつう》を与《あた》える罰のこととされています。これは「絶対《ぜったい》」禁止《きんし》なので、どんなに重たい罪《つみ》を犯《おか》した人に対しても、科すことは許《ゆる》されません。

残虐刑と死刑との関係は次回扱《あつか》います。

お題

「理想の担任」

といえば、

未来の自分！

4 死《し》刑《けい》は違《い》憲《けん》か？

キーワード

死刑

タイムスリップして、「お前は30年後、新聞でトミナガの連載《れんさい》をする」と小学生の私に伝《つた》えたら、さぞかし驚《おどろ》くでしょう。トミナガには、「勝手に書くな！」と怒《おこ》られそうです。

さて、学校で「未来」と言えば、クラスの理想の未来を描《えが》く学級目標《がっきゅうもくひょう》。私たちのクラスは楽をしようと、「1学期に1回は『おはよう』のあいさつをする」という目標を立てました。しかし、あまりに簡単《かんたん》すぎて、頑張《がんば》りがいがなかったと反省《はんせい》した私たちは、新学期の目標を「人に『バカ』と言わない」にしました。

あるとき、ヨネダ君が真顔で「イギリスって、イタリアの首都だよね」と言いました。それを聞いたトミナガは、「大バカな発言はやめろ！」と口にしてしまいました。私が、「学級目標が台無《だいな》しじゃないか」とにらみつけると、トミナガは「今学期の目標は『バカ』の禁止《きんし》であって、『大バカ』や『ドアホ』は禁止されていない」と言い出すではありませんか。それ以来《いらい》、口げんかのたびに、「とんちんかん」「とんま」「おたんこなす」など、昔なじみの悪口がどんどん発掘《はっくつ》され、飛び交うようになりました。

ところで、前回、「残虐《ざんぎゃく》な刑罰《けいばつ》の禁止」（憲法36条）の話をしました。そうなると当然《とうぜん》、「死刑《しけい》は残虐な刑罰として禁止されないのか？」と気になります。1948年、最高裁判所は死刑を合憲《ごうけん》と判断《はんだん》しました。その理由を簡単にまとめると、①死刑は重大犯罪《はんざい》を防止《ぼうし》するために有効《ゆうこう》な手段《しゅだん》である。②憲法31条が「何人《なんぴと》も、法律の定める手続《てつづき》によらなければ、その生命若《も》しくは自由を奪《うば》はれ、又はその他の刑罰を科せられない」と定めており、法律の定める適正《てきせい》な手続きを踏《ふ》めば生命を奪うことも許《ゆる》しているように読める。③死刑の方法《ほうほう》が火あぶりのような残酷《ざんこく》なものでない。以上の3点です。

しかし、この理屈《りくつ》には違和感《いわかん》があります。**手や足を切り落とす罰は、残虐な刑罰として許されません。ということは、最高裁は、「手や足を奪うのはダメだが、命は奪ってよい」と考えている**ということになるでしょう。こうした最高裁の理屈は、「バカと言うのはダメだが、大バカはOK」というトミナガの理屈と同じではないでしょうか。このため、「死刑はやはり違憲《いけん》だ」という議論《ぎろん》もかなり有力になってきています。

キーワード【死刑《しけい》】現在《げんざい》では、ヨーロッパのほとんどの国で死刑が廃止《はいし》され、韓国《かんこく》やアメリカでも死刑廃止の動きが進んでいます。日本でも真剣《しんけん》な議論《ぎろん》が必要《ひつよう》でしょう。ただ、大事な人を犯罪《はんざい》で失《うしな》った人の中には、犯人の死刑を望む人もいます。犯罪被害者《はんざいひがいしゃ》・遺族《いぞく》への配慮《はいりょ》や支援《しえん》を充実《じゅうじつ》する議論も、同時に進める必要があるでしょう。

お題

「理想の担任」

といえば、

全自動電気担任。

⑤ 税金《ぜいきん》を免《まぬが》れる場所は天国？

キーワード
租税

電気で動く全自動担任。なんだか便利《べんり》そうです。

ある日の掃除《そうじ》の時間。ヨネダ君が、「電気で動く全自動掃除機があれば便利なのに」とつぶやきました。それを聞いたアサカワさんは、「人が使わなければ動かないほうきや雑巾《ぞうきん》は、子どもたちと一緒《いっしょ》に働けて楽しいと思うの。でも、全自動掃除機は、孤独《こどく》で可哀《かわい》そうだわ」と言います。私は、誰《だれ》もいない教室で一人働く全自動掃除機を想像《そうぞう》して、ふびんに思いました。

しかし、これを聞いたトミナガは、「可哀そうなんてことはない。人間のために一生懸命《いっしょうけんめい》働いた全自動掃除機は、家電天国に行ける。家電天国では、全自動洗《せん》濯機《たくき》や食器洗《しょっきあら》い機《き》、掃除機などが、人間たちの奉仕《ほうし》を受け、快適《かいてき》に過《す》ごすのだ」と言います。私が、「どんな人間が家電天国に行くのか」と尋《たず》ねると、トミナガ

は、「掃除機や洗濯機を乱暴《らんぼう》に扱《あつか》った人間の魂《たましい》だよ。罰《ばつ》として、掃除機や洗濯機に奉仕しなければならないんだ。だから家電天国は、人間からは家電地獄《じごく》と呼《よ》ばれている」と答えます。トミナガの鬼気迫《ききせま》る「家電天国／家電地獄」の解説《かいせつ》のおかげで、クラスのみんなは家電製品《せいひん》を大事に扱うようになりました。

ところで天国と言えば、しばしば「税金《ぜいきん》天国」と勘違《かんちが》いされる「タックスヘイブン」という言葉があります。「タックス（tax）」は税金、「ヘイブン（haven）」は避難所《ひなんじょ》の意味で、「租税回避地《そぜいかいひち》」と翻訳《ほんやく》されます。税金が安かったり、財産《ざいさん》を隠《かく》しやすかったりする国や地域《ちいき》のことです。天国を意味する「ヘブン（heaven）」と「ヘイブン」とは違《ちが》う言葉ですが、カタカナにすると音が似《に》ており、「税金をあまり払《はら》わなくてもよい場所」を「税金天国」と勘違いしてしまうのもよくわかります。

世界のお金持ちは、自分のお金をタックスヘイブンに持ち込《こ》んで、高い税金から避難しようとします。でも、それを許《ゆる》すと、税金がとれなくなってしまい、国が成《な》り立ちません。このため、多くの国では、タックスヘイブンに逃《に》がさないための対策《たいさく》をしています。

税金の支払《しはら》いを免《まぬが》れようとした人には、重加算税《じゅうかさんぜい》と言って、もともと払うべきだった金額《きんがく》よりも高い税金が罰として課《か》されることもあります。脱税《だつぜい》として刑罰《けいばつ》を受けることもあります。不正《ふせい》をすると、タックスヘイブンに行くつもりが、「租税地獄」に真《ま》っ逆《さか》さま、なんてことになりかねませんよ。

キーワード【租税《そぜい》】 憲法30条は「納税《のうぜい》の義務《ぎむ》」を定めます。なぜ、国民の権利《けんり》保障《ほしょう》を目的《もくてき》とする憲法に、義《ぎ》務《む》規定《きてい》が置《お》かれたのでしょうか。もしも税金《ぜいきん》がなかったら、国は、公務員《こうむいん》を雇《やと》うことも、道路を造《つく》ることも、学校を運営《うんえい》することもできず、みんなが困《こま》るでしょう。そこで、国民は国家から何も強制《きょうせい》されず自由であることを原則《げんそく》としつつ、納税については、例外的《れいがいてき》に強制してよいとしたのです。

お題

「遠足のお弁当」

といえば、

自分の顔弁当！

6 憲法を変《か》えるには限度《げんど》がある

キーワード
憲法改正限界

お弁当のデザインが「自分の顔」となると、どこから食べるのかがポイントになりそうです。

私も、小学校の遠足でかなり変わったお弁当を食べたことがあります。お昼になって、「まずは、お茶を1杯《ぱい》」と、水筒《すいとう》からコップに注いで飲んだところ、しょっぱい。どうやら母は、麦茶と間違《まちが》えて、めんつゆを入れてしまったようでした。やれやれと思いながら、お弁当箱のふたをとると、一面のおそば……。

私はこのとき、「ここまで意表を突《つ》くお弁当はなかろう。これでクラスの話題をかっさらえるぞ」とウキウキしていました。「最初《さいしょ》に誰《だれ》に話そうか」と周《まわ》りを見渡《みわた》した瞬間《しゅんかん》、トミナガのお弁当に目が留《と》まりました。トミナガのお弁当箱は、一面真っ白なお米だけ。あまりに可哀《かわい》そうで、おかずを分けてあげようと思いま

したが、私のお弁当箱もおそばだけ。どうしようもありません。

するとトミナガは、もう一つ、保冷剤《ほれいざい》で厳重《げんじゅう》に冷《ひ》やされたお弁当箱を出しました。ふたを開けた瞬間、鮮《あざ》やかな色彩《しきさい》が目を引きます。マグロ、イカ、イクラ、たまご、ワサビ、のり。タダの白米に見えたものは、なんと酢飯《すめし》だったようです。トミナガは、手際《てぎわ》よくお寿司《すし》を握《にぎ》り、寿司ランチを楽しんでいました。

そば弁当にしても、握り寿司弁当にしても、「もはやお弁当ではない！」という限界《げんかい》に挑《いど》んでいますね。

ところで、憲法改正《けんぽうかいせい》にも限界があります。憲法は、「すべての人に保障《ほしょう》すべき人権」や「権力の暴走《ぼうそう》を止める権力分立」など、その時々の多数派《は》だけで変えてはいけない国家の基本《きほん》を定めています。このため、憲法改正には、普通《ふつう》の法律改正よりも厳《きび》しい手続《てつづ》きが要求《ようきゅう》されています。具体的《ぐたいてき》には、日本国憲法の改正には、衆参両院《しゅうさんりょういん》の3分の2の賛成《さんせい》と、国民投票《こくみんとうひょう》の承認《しょうにん》が必要です（憲法96条）。

さらに、憲法改正手続きによっても変えてはいけない条項《じょうこう》があると考えられています。これを「憲法改正限界」と言います。なぜ、憲法改正限界があるのでしょうか。**憲法改正手続きは、憲法の基本理念《きほんりねん》に沿《そ》って、内容《ないよう》を発展《はってん》させる手続きです。もしも、憲法の根幹《こんかん》となるべき内容を変えたならば、もはや「この憲法を修正《しゅうせい》したもの」とは言えないでしょう。**

日本の場合、平和主義《へいわしゅぎ》や基本的人権《きほんてきじんけん》の保障などが、憲法改正限界だと言われています。

じぶんの顔《かお》のおにぎりは
どこが限《げん》界《かい》か
A
B
C
D
限界《げんかい》
E
F
もぐ
もぐ

キーワード【憲法改正限界《けんぽうかいせいげんかい》】 憲法改正限界は解釈《かいしゃく》から導《みちび》かれることもありますが、憲法典《けんぽうてん》に書いてあることもあります。例えば、ドイツのボン基本法《きほんほう》は「人権保障《じんけんほしょう》と連邦制《れんぽうせい》」を、フランス第五《だいご》共和政憲法《きょうわせいけんぽう》は「共和政体（主権《しゅけん》は国民にあり、選《えら》ばれた代表者が統治《とうち》する）」を、改正限界としています。改正限界を超《こ》える変更《へんこう》は、「革命《かくめい》」と呼《よ》ばれます。

お題

「遠足のお弁当」

といえば、

おかずはみそ汁《しる》。

⑦ 義務教育《ぎむきょういく》は、どこまで無償《むしょう》なのか？

キーワード
義務教育の無償

山登り遠足の前日、「遠足のしおり」を眺《なが》めていたトミナガは、「遠足でも『普通《ふつう》の食事』をすべきだ。温かいみそ汁《しる》がない食事なんてありえない！」と言い出しました。私が、「水筒《すいとう》にみそ汁を入れてきたら？」と言うと、トミナガは「水筒のカップで飲むみそ汁なんてみそ汁じゃない！」と怒《おこ》り出します（トミナガの「普通の食事」には、みそ汁椀《わん》も必要なようです）。

これを聞いていたアサカワさんは、「食後には、お抹茶《まっちゃ》を立てなきゃ。その道具も必要ね」と言い出します（熱湯《ねっとう》を入れた水筒・茶わん・茶せん・茶しゃく・缶《かん》入りの抹茶が、持ち物に追加されました）。さらに、カワダさんは、「食後にシャーベットかアイスがないと、食事は終わらないわ」と続《つづ》きました（発泡《はっぽう》スチロールボックスとドライアイスも追加）。

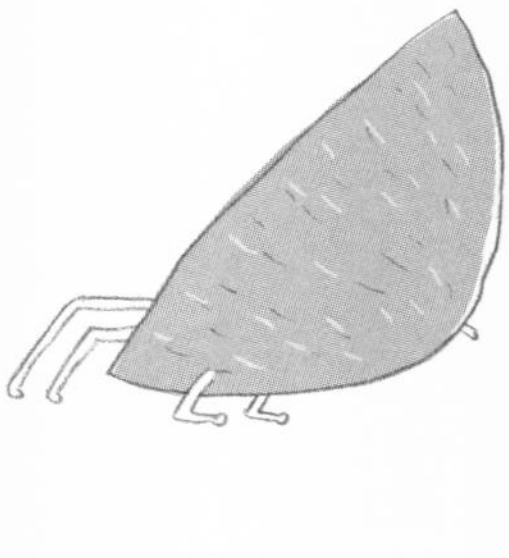

この様子をちょっと離《はな》れて見ていたフジタ君が、「それ全部持って山登りする気？　僕は、おにぎりとから揚《あ》げ、卵焼《たまごや》きにたくあん、お茶で満足《まんぞく》だよ」と言いました。我に返った私たちは、「普通のお弁当《べんとう》」を持っていくことに決め、無事《ぶじ》に遠足の日を迎《むか》えることができました。

ところで、憲法26条2項後段《こうだん》は「義務教育《ぎむきょういく》は、これを無償《むしょう》とする」と定めています。現在《げんざい》の制度《せいど》では小学校と中学校が義務教育です。義務教育は、あらゆる人の成長《せいちょう》にとって、ぜひとも必要だと考えられている教育です。そこで、**誰《だれ》もが義務教育を受けられるよう、教育の費用《ひよう》は税金《ぜいきん》で負担《ふたん》することに決めたのです。**

教育を受けるのにかかる費用には、いろいろなものがあります。授業料《じゅぎょうりょう》や教科書代はもちろん、体操着《たいそうぎ》や上履《うわば》き・ドリル・三角定規《じょうぎ》などの学用品代、交通費《こうつうひ》などもかかります。さらに、学校に行くときの洋服や靴《くつ》、勉強のエネルギーをチャージするための朝ごはん代なども必要でしょう。

ただ、必要なものを全部リストアップしていったら、トミナガたちの「普通の食事」のようにキリがありません。このため、憲法26条2項後段で「無償」とされるのは、教育を受けるために必《かなら》ず必要なもの、つまり「授業料」だけで、それを超《こ》える部分は、保護者《ほごしゃ》や本人の負担とすべきだと理解《りかい》されています。

もっとも、教科書は授業を受けるのにほぼ不可欠《ふかけつ》です。そこで、憲法が要求《ようきゅう》するわけではないものの、教科書代を無償化する法律《ほうりつ》が制定《せいてい》されています。

キーワード【義務教育《ぎむきょういく》の無償《むしょう》】憲法26条2項前段は、「すべて国民は……その保護《ほご》する子女に普通《ふつう》教育を受けさせる義務《ぎむ》を負ふ」と定めます。この「義務」は、親などの「教育を受けさせる義務」です。子どもには、「教育を受ける義務」はなく、「教育を受ける権利《けんり》」があります。保護者が義務を果たし、子どもの権利が実《じつ》現《げん》されるよう、義務教育の無償が定められています。

お題

「遠足のお弁当」

といえば、

愛情《あいじょう》いっぱいパワー弁当《べんとう》。

8 私たちには、法で守られる権利がある

キーワード
弁護人依頼権

ある月曜日の朝礼。校長先生が、「植物の意思の力は、とても強い」と、石を割《わ》って成長《せいちょう》した桜《さくら》の話をしました。私たちが「石と意思をかけたダジャレ?」ともやもやしていると、誰《だれ》かが「エレキマンの方が強いよ」と言いました。エレキマンとは、当時流行していた『ロックマン』というゲームの最強《さいきょう》のボスです。

これを聞いた校長先生は怒《おこ》り出し、「トミナガ君、おしゃべりはやめなさい！」と怒鳴《どな》りつけました。トミナガは「僕じゃありません」と毅然《きぜん》と返事をします。「うそをつくな！」と怒鳴りつける校長に向かって、キタムラさんは、「そんな頭ごなしに言わなくてもいいじゃないですか！　トミナガ君がやったという証拠《しょうこ》はあるんですか！　洗剤《せんざい》かもしれません」と訴《うった》えます。

例によって、ツクイさんは「洗剤じゃなくて、冤罪《えんざい》ね。本当はやっていないのに、やったことにされて罰《ばつ》を受けることでしょ」と訂正《ていせい》します。キタムラさんは、何事もなかったかのように校長先生に向き合うと、「校長先生は、きっと昨晩《さくばん》エレキマンに負けて、トミナガ君に八つ当たりしているに違《ちが》いないわ！」と、非難《ひなん》を続《つづ》けます。さすがにそんなことはないだろうと、周りの子が「少し空気を読んだら」とたしなめました。しかし、キタムラさんは、「空気は読むものではなく、吸《す》うものよ！」と元気いっぱいに反論《はんろん》します。

私は朝礼の後、キタムラさんに「なぜそんなに元気で前向きなのか」と尋《たず》ねました。すると、「お父さんの作ってくれた朝ごはんが愛情《あいじょう》いっぱいで、パワー満《まん》タンだから」と笑顔《えがお》で答えました。

ところで、人に罰を与《あた》えるのは、大きな権利《けんり》侵害《しんがい》ですから、間違《まちが》った判断《はんだん》がなされないよう、きちんと言い分を聞く、証拠に基《もと》づいて判断するなど、慎重《しんちょう》な手《て》続《つづ》きが必要《ひつよう》です。これを「適正《てきせい》手続き」と言います。もっとも、普通の人には、**自分の受けている手続きが適切《てきせつ》かどうか判断できませんから、法律に詳《くわ》しい専門《せんもん》家《か》による援助《えんじょ》が必要です**。憲法37条3項は、「刑事被告人《けいじひこくにん》は、いかなる場合にも、資格《しかく》を有する弁護人《べんごにん》を依頼《いらい》することができる」と定めます。刑事被告人とは、犯罪をしたと疑《うたが》われて、刑事裁判にかけられた人のことです。

弁護人は、適正手続きに欠《か》かせません。ぜひ、パワー満タンで、被告人の権利を守るために活躍《かつやく》してほしいですね。

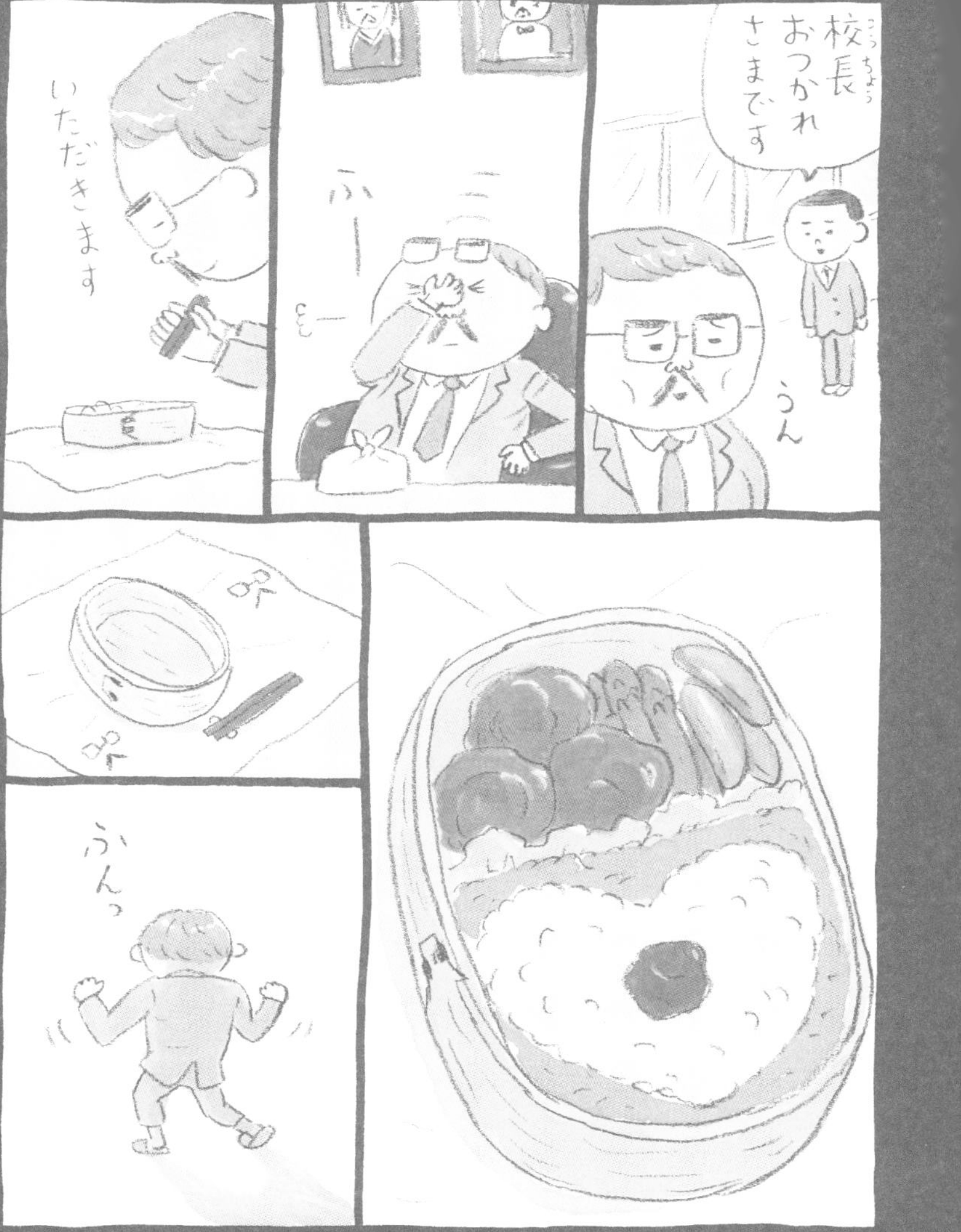

キーワード【弁護人依頼権《べんごにんいらいけん》】日本国憲法は、31条で、刑罰《けいばつ》を科す場合の「適正手続《てきせいてつづき》」を保障《ほしょう》しています。また、33条から40条までの条文《じょうぶん》で、無令状逮捕《むれいじょうたいほ》の禁止《きんし》や自白強要《きょうよう》の禁止など、適正な手続きと言えるためには何が必要かを具体的に定めています。37条で保障された弁護人依頼権も、刑事裁判が適正な手続きだったと言えるために、絶対《ぜったい》に必要《ひつよう》な条件《じょうけん》なのです。

お題

「遠足のお弁当」

といえば、

目玉焼き！

⑨「国会中心」と「国会独立」の見分け方

キーワード

唯一の立法機関

「目玉焼き」と「卵焼《たまごや》き」。ときどき、どっちがどっちかわからなくなってしまいます。「どう覚《おぼ》えたら良いだろう？」と思案《しあん》に暮《く》れていると、トミナガのことが思い出されました。

トミナガは、洋楽が好きでした。私が、「レイ・チャールズとスティービー・ワンダーは、どうやって見分けるんだ？」と尋《たず》ねると、「写真を見て、井上陽水《いのうえようすい》っぽかったらレイだ」と教えてくれました。その日以来《いらい》、私は、２人を間違《まちが》えたことはありません。

トミナガは、洋楽のおかげで英語の発音も得意《とくい》でした。そんなトミナガが、ある日、「英語で、男と女をFとMって書くだろう。あれは、Fがファザー（父）、Mがマザー（母）の略《りゃく》なんだ」と自信満々《じしんまんまん》に言いました。「さすがトミナガ！」

と感心した私は、家に帰ってマイ・ファザーにこのことを教えました。すると、「いや、それは逆《ぎゃく》だ」と諭《さと》されました。英語の辞書《じしょ》を調べてみると、Fが「female(女性《じょせい》)」、Mが「male(男性)」となっています。トミナガは勘違《かんちが》いしていたわけですが、その日以来、私はFとMは「ファザーとマザーの逆！」とはっきり覚えることができました。

ところで、憲法を勉強していて、どっちがどっちかわからなくなる言葉に、「国会中心立法」と「国会単独《たんどく》立法」があります。

憲法41条は、国会を「唯一《ゆいいつ》の立法機関《りっぽうきかん》」と定めます。これは、**①国会以外は立法権を行使できないという原則《げんそく》と、②国会が立法するときには、国会以外の機関(内閣《ないかく》や天皇《てんのう》など)が介入《かいにゅう》したり、拒否《きょひ》したりしてはいけない、**という原則の2つを意味する条文《じょうぶん》だとされます。**憲法学者の清宮四郎《きよみやしろう》先生は、①を「国会中心立法の原則」、②を「国会単独立法の原則」と名付けました。**

ただ、国会以外は立法できないということは、「国会はただ一つの、つまり単独の立法機関だ」と表現《ひょうげん》できるようにも思えます。また、他の機関は立法に口を出すなという原則も、「立法は国会が中心になってやるので口を出すな」と表現できるようにも思えます。そんなわけで、私は今でも、「どっちが国会中心立法で、どっちが国会単独立法だったっけ？」と混乱《こんらん》してしまいます。

今度、トミナガに会ったら、「国会中心立法」と「国会単独立法」の見分け方を、聞いてみたいと思います。

グルグルのめだま焼《や》き
玉《たま》のままのたまご焼《や》き
めだま焼《や》きとたまご焼《や》きの見《み》分《わ》け方《かた》
※よいこは自分《じぶん》でよく調《しら》べてください

キーワード【唯一《ゆいいつ》の立法機関《りっぽうきかん》】日本国憲法41条は「国会は……国の唯一の立法機関である」と定めています。国会以外《いがい》の機関は立法をしたり、立法手続きに介入《かいにゅう》したりしてはいけません。ただし、憲法は、例外《れいがい》として、法律《ほうりつ》に基《もと》づいて任《まか》された内閣《ないかく》が政令《せいれい》を定めたり、最高裁判所が裁判所の規則《きそく》を決めたり、自治体《じちたい》が条例《じょうれい》を定めることを認《みと》めています。

お題
「遠足のお弁当」
といえば、

ぜったいポテトサラダ！

10 学問が、権力者の都合でねじ曲げられないために

キーワード
大学の自治

お弁当《べんとう》といえば遠足、遠足といえば班行動《はんこうどう》です。ある班決めの日のこと。

ヤマダ先生は、みんなに短冊《たんざく》を配り、「川柳《せんりゅう》を書け。名前は裏《うら》に書くように」と指示《しじ》しました。しばらく待って、みんなの短冊を回収《かいしゅう》した先生は、名前が見えないように黒板に貼《は》り、「今回の班は、これで決める」と宣言《せんげん》しました。

まず、川柳の人気投票《にんきとうひょう》で、班長を6人選《えら》びました。それから、各班長が、川柳を読んでメンバーを選んでいきます。

班長に選ばれた私は、「スイカ割《わ》り　手元狂《くる》って　Itを両断《りょうだん》」（どう見てもキタムラさんの作品）と、「遠足を　ナメるな山と　戦《たたか》いだ」（誰《だれ》かわからないけど殺伐《さつばつ》としすぎ）、「ひゅーととん　どっどとどっど　うぱふれん」（もはや何だかわからない）の3作品は外すことにしました。

私が一番に選んだのは、「お弁当　ポテトサラダだ　箱いっぱい」。これは、いつも同じ班になるトミナガの作品でした。他の班も、だいたい、いつも仲良しな人が集まっています。川柳には人の性格《せいかく》が出ますから、これで班決めをすれば、案外《あんがい》、相性《あいしょう》の良いグループができるかもしれません。皆さんのクラスでも試《ため》してみてはいかがでしょうか。

そういえば、憲法23条も、「学問の　自由は、これを　保障《ほしょう》する」と五・七・五になっています。**権力者《けんりょくしゃ》は、学問を自分の都合の良いよう、ねじ曲げがちです。しかし、政治の力で内容《ないよう》が曲げられると、学問は力を発揮《はっき》できません。**

例えば、経済学者《けいざいがくしゃ》が正しく研究した結果《けっか》、「今の首相の経済政策《せいさく》が景気《けいき》を悪くした」と判明《はんめい》したとしたら、首相は、その発表を禁《きん》じたいと思うでしょう。しかし、そんなことが許《ゆる》されれば、経済学はできません。そこで、憲法は、学問の自由を保障したのです。

また、学問を行うには、大きな実験施設《しせつ》やそれを支《ささ》える研究員、高価《こうか》な専門書《せんもんしょ》のそろった図書館など、さまざまな設備《せつび》が必要《ひつよう》です。これを1人でそろえるのは難《むずか》しいですから、多くの場合、学問は、大学という組織《そしき》で行われます。そうすると、大学が学問に適《てき》した形で運営《うんえい》されることも大切です。

このため、憲法23条は、大学が研究や教育をする権利も保障していると解釈《かいしゃく》されています。これを「大学の自治《じち》」と言います。憲法23条は、「大学の　自治もあわせて　保障する」わけですね。

キーワード【大学の自治《じち》】「大学」とは、学問を研究し、教育する組織《そしき》です。「自治」とは、権力者《けんりょくしゃ》や外部の団体《だんたい》から独立《どくりつ》して、自ら運営《うんえい》することです。大学の自治には、「研究の自治」「教育の自治」はもちろん、誰《だれ》を教授《きょうじゅ》にするかといった「人事の自治」や、どんな施設《しせつ》を置《お》くかといった「施設管理《かんり》の自治」も含《ふく》まれていると言われます。

コラム●旅する憲法①

実《じっ》践《せん》練《れん》習《しゅう》

目玉焼きを食べる権利

ある日の放課後《ほうかご》、トミナガ他数人が、図書係の仕事で学校に残《のこ》っていました。仕事を終えて、帰り支度《じたく》をしているところに、突然《とつぜん》、嵐《あらし》がやってきました。先生たちが、「天気予報《てんきよほう》だと1時間もすれば嵐は終わるみたいだよ」と言うので、みんなは、しばらく図書室で待つことにしました。

「せっかくだから、図書室の本で旅をしよう」という話になり、選《えら》ばれたのが『日本国憲法』。これを開くと、なんと、身長30cmの憲法学者の幽霊《ゆうれい》アキヤマさんと、その師匠《ししょう》キャシーさんが現《あらわ》れました。2人の解説《かいせつ》で、図書係一行は、憲法を第3章まで（『ほとんど憲法　上』コラム）旅してきました。

すでに1時間は過《す》ぎましたが、嵐が収《おさ》まる気配はありません。図書室の窓《まど》はガタガタと鳴り響《ひび》き、学校の建物全体までもが揺《ゆ》れているような気がします。トミナガは、担任《たんにん》のヤマダ先生から5円玉を、家庭科のヤマシロ先生からタコ糸を借《か》りてくると、5円玉の穴《あな》にタコ糸を通して手からつるしました。「ほら、5円玉が揺れるだろ。やっぱり建物が揺れているんだ」と鋭《するど》く指摘《してき》しました。しかし、ツクイさんは「どう見ても、揺れてるのはトミナガ君の手よ」とさらに鋭く指摘しました。

一方、キャシーさんは、どこからかスクリーンと映写機《えいしゃき》を出してきて、「子どもらよ、これを見るのじゃ」と言います。

ヨネダ　つまらない映画《えいが》だなあ。

キャシー　そういう問題ではない。よいか、この映画の中で、少年は、複数《ふくすう》の憲法上の権利が侵害《しんがい》されたのじゃ。子どもらよ、憲法の条文《じょうぶん》を見ながら、どの権利が侵害されたか、当ててみるのじゃ。

アキヤマ　あの、なんでこのような映画を？

キャシー　お前は何もわかっておらんのう。井《い》の中の蛙《かわず》の方が、まだよくわかっていることじゃろう。

キタムラ　胃《い》の中にいたら、蛙がとけちゃうわよ。

キャシー　言われてみればそうじゃな。おぬし最高《さいこう》じゃ。わはは。

ツクイ　「胃の中」じゃなくて、「井戸の中」でしょ！

キャシー　わはは。言われてみればそうじゃ。よいか、子どもら。権利というものは、「それがある」と教えられるだけではうまく使いこなせるようにはならん。バスケットボールで「ここからゴールに入れると3点」とか、将棋《しょうぎ》で「美濃囲《みのがこ》いは固《かた》い」と教えられるだけではうまくならんのと一緒《いっしょ》じゃ。権利は、具体的《ぐたいてき》な場面で使う練習をしてこそ、うまく使いこなせるようになるのじゃよ。

ヨネダ　でも、「目玉焼きを食べる権利」なんて、憲法に書いてないよ。

キャシー　た・わ・け・が！　憲法を作った人たちは忙《いそが》しく、条文を書く紙も貴重《きちょう》なのじゃ。いちいち、「目玉焼きを食べる権利」「ハンバーグを食べる権利」「うどんを食べる権利」「うどんのだしは香川風に限《かぎ》る権利」「うどんを作るときの小麦は讃岐《さぬき》の小麦に限る権利」などと、書いてられなかろう。わしが憲法制定権力者《けんぽうせいていけんりょくしゃ》なら書くがの。

アキヤマ　師匠、香川県出身だからって、うどんをアピールしすぎです。

ツクイ　わかった。目玉焼きは、ツヨシ君の財産《ざいさん》だから、憲法29条が保障《ほしょう》する財産権の侵害ね。

キャシー　おお、その通りじゃ。鋭いのお。じゃが、他にも問題はいろいろあるぞ。

キタムラ　家に勝手に入ってきてるから、憲法35条のシューマイの蒸《ふ》かし器《き》が使えるわ。

ツクイ　「住居の不可侵《ふかしん》」よ。

キャシー　同じようなもんじゃよ。

アキヤマ　蒸かし器と不可侵は全く違《ちが》うでしょう……。

トミナガ　あっ、憲法23条の「学問の自由」が侵害されている！　映画のこの部分を見てほしい。ほら、ノートがあって、こまかく、卵の様子がスケッチされている。ツヨシ君は、毎朝、どれくらい火にかけると、どれくらい固まるかを確《たし》かめていたんだよ。目玉焼き学者だと言ってもいいくらいだ。

アキヤマ　なるほど。よく見ていますね。

ヨネダ　この蹴破《けやぶ》られたドアは、誰《だれ》が直すんだろう。

トミナガ　国にひどいことされたら、ドアの修理《しゅうり》代を国家賠償請求《こっかばいしょうせいきゅう》できるはずだ。憲法17条に書いてある。

第17条　何人《なんぴと》も、公務員《こうむいん》の不法行為《ふほうこうい》により、損害《そんがい》を受けたときは、法律の定めるところにより、国又《また》は公共団体《こうきょうだんたい》に、その賠償《ばいしょう》を求《もと》めることができる。

第23条　学問の自由は、これを保障する。

第29条　財産権は、これを侵《おか》してはならない。
財産権の内容《ないよう》は、公共の福祉《ふくし》に適合《てきごう》するやうに、法律でこれを定める。
私有財産《しゆうざいさん》は、正当な補償《ほしょう》の下に、これを公共のために用ひることができる。

第35条　何人も、その住居、書類及《およ》び所持品について、侵入《しんにゅう》、捜索《そうさく》及び押収《おうしゅう》を受けることのない権利は、第33条の場合を除いては、正当な理由に基《もと》づいて発せられ、且《か》つ捜索する場所及び押収する物を明示《めいじ》する令状《れいじょう》がなければ、侵されない。
捜索又は押収は、権限《けんげん》を有する司法官憲《しほうかんけん》が発する各別《かくべつ》の令状により、これを行ふ。

キャシー　子どもら、その調子じゃ。こんな映画の中にも、憲法が使える場面がたくさんある。現実世界でも、権利行使を躊躇《ちゅうちょ》してはならんぞ。わはは。

キャシーさんの実践練習は、大成功《だいせいこう》に終わったのであった。

コラム●旅する憲法②につづく。

お題

「コレで世界一を目指す!」

といえば、

音楽で!

11 どんなところなら住みたいか？

キーワード

足による投票

ある日、トミナガが興奮《こうふん》して言いました。「音楽室に呪《のろ》いのCDがあるらしいぞ。ピアノ演奏《えんそう》のバックに、恐《おそ》ろしいうめき声が聞こえるんだ!」

私は、「それを聴《き》いた子は、翌朝《よくあさ》、二度と目が開かなくなるに違《ちが》いない」と勝手に想像《そうぞう》して、怖《こわ》がっていました。しかし、ピアノ好きのタイラさんは、いたって冷静《れいせい》に、「それ、グールドでしょ」と指摘《してき》しました。グレン・グールドは20世《せい》紀《き》最高《さいこう》のピアニストの一人で、ピアノを弾《ひ》きながら、「ンー、フー、ウー」と歌い出すのだそうです。

音楽の先生に頼《たの》んで、グールドのCDを聴かせてもらいました。言われてみれば、ピアノのバックに聞こえるのは、うめき声ではなく、鼻歌のようです。それに感銘《かんめい》をうけたトミナガは、グールドのマネをしようとしました。しかし、彼は

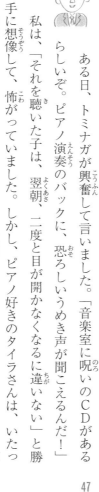

ピアノが弾けません。悩《なや》んだ末《すえ》に、リコーダーの演奏時に歌おうとしました。結果はどうでしょう。当然《とうぜん》、失敗《しっぱい》に終わりました。リコーダーは、ピアノやギターと違って、弾き語りには向いていません。それぞれの楽器《がっき》には、向き不向きがあるのです。

ところで、私たちと街《まち》や村との間にも向き不向きがあります。人がたくさんいる都会が好きな人もいれば、山や海など自然《しぜん》に囲《かこ》まれて過《す》ごしたい人もいます。どこに住んでも、同じようなところばかりでは、私たちは、自分らしく生きることができないでしょう。

そこで、日本国憲法は、第8章で「地方自治《ちほうじち》」の制度《せいど》を保障《ほしょう》して、全国各地に個性豊《こせいゆた》かなたくさんの自治体《じちたい》ができるようにしました。各自治体は、「きれいな砂浜《すなはま》を作って、観光客《かんこうきゃく》を呼《よ》ぼう」とか「本がたっぷり読める図書館を作ろう」など、特色《とくしょく》ある街づくりができます。

私たちには、**憲法22条で「移住《いじゅう》の自由」が保障されていますから、自分と相《あい》性《しょう》のよい自治体を選《えら》べます**。逆《ぎゃく》に、自分の住んでいる市町村や都道府県がおかしなことばかりするなら、他の場所に移《うつ》り住むこともできます。

魅力《みりょく》ある自治体には、人が集まり、活気が生まれるでしょう。税収《ぜいしゅう》も多くなるでしょう。だから自治体は、多くの住民《じゅうみん》に喜《よろこ》んでもらえるような政治や行政《ぎょうせい》を目指して頑張《がんば》ります。私たちが、自分たちの「足」で魅力的な自治体を選ぶことは、「足による投票」と呼ばれます。

キーワード【足による投票《とうひょう》】「足による投票」は、投票用紙に手を使って記入する「手による投票」である選挙《せんきょ》と対比《たいひ》される言葉です。アメリカで経済学者《けいざいがくしゃ》として活躍《かつやく》したチャールズ・ティボー先生が考え出しました。皆さんは、どんな自治体《じちたい》に住みたいですか？

お題

「コレで世界一を目指す！」

といえば、

トイレはかせ！

⑫ 国家の不法行為《ふほうこうい》は、誰《だれ》が救済《きゅうさい》するか？

キーワード

国家賠償請求権

私が子どもの頃《ころ》、学校のトイレは、暗くて汚《きたな》くてジメジメしていて、できれば行きたくない場所でした。学校でトイレを我慢《がまん》して、健康《けんこう》を害《がい》する人もいたようです。

ある日の夕方、「学校のトイレを高級ホテルのように改装《かいそう》したら、子どもたちのトイレ嫌《ぎら》いがなくなって大満足《だいまんぞく》！」というニュースが流れました。翌朝《よくあさ》、これが話題になり、クラスメートの多くが「うちの学校でもそうしてほしい」と、はしゃぎました。

しかしトミナガは、「そんなことになったら、トイレに出るお化けが引っ越《こ》さなくてはならなくて大変《たいへん》だ」と深刻《しんこく》そうにつぶやきます。キタムラさんが「確《たし》かに、トイレのバタコさんが困《こま》るわね」と続《つづ》き、ツクイさんが「トイレの花子さん

でしょ」と、訂正《ていせい》しました。花子さんはトイレや体育館に潜《ひそ》むお化けです。アンパンマンに新しい顔をあげる、優《やさ》しい女の子（妖精《ようせい》？）ではありません。

私は、「学校のトイレはお化けの家ではないのだから、お化けのために暗いままにしておくのは、本末転倒《ほんまつてんとう》だ」と思いましたが、面倒《めんどう》なので黙《だま》っていました。

ところで、本末転倒といえば、本来は、国民みんなのためにある国家が、国民に損害《そんがい》を与《あた》えてしまうことがあります。例えば、消防車《しょうぼうしゃ》が交通事故《こうつうじこ》を起こしたり、警察《けいさつ》が人違《ちが》いで無実の人を逮捕《たいほ》してしまったり、といったことです。こうした行《こう》為《い》を「不法《ふほう》行為」と言います。国家が不法行為をしたとき、被害《ひがい》を受けた人の損害を放置《ほうち》しては不公平《ふこうへい》です。**国民全体は国家からさまざまな利益《りえき》を受けているのですから、被害者救済《ひがいしゃきゅうさい》の責任も国民全体で負うべきでしょう。**

そこで、憲法17条は、「何人《なんぴと》も、公務員《こうむいん》の不法行為により、損害を受けたときは、法律の定めるところにより、国又《また》は公共団体《こうきょうだんたい》に、その賠償《ばいしょう》を求《もと》めることができる」と定めました。そして、「国家賠償法《こっかばいしょうほう》」という法律に、被害者が賠償金を求めるための具体的《ぐたいてき》な手続《てつづ》きが定められています。国家が払《はら》う賠償金は、「租税《そぜい》」という形で、国民全体で公平に分担《ぶんたん》します。

「国民のための国家」のはずが「国民を害する国家」になってしまったとき、「面倒だから」と見過《みす》ごしてはいけません。次の犠牲者《ぎせいしゃ》のためにも、国家賠償の責任をきちんと果《は》たさせなくてはなりません。

キーワード【国家賠償請求権《こっかばいしょうせいきゅうけん》】国家賠償請求権とは、公務員《こうむいん》が職務《しょくむ》に関連《かんれん》して行った不法行為《ふほうこうい》の賠償（損害《そんがい》の償《つぐな》い）を請求する権利です。不法行為とは、故意《こい》または過失《かしつ》で、損害を発生させる違法《いほう》な行為のこと。故意は、損害が発生することがわかっていたということ、過失は、普通《ふつう》は結果がわかるはずなのに不注意《ふちゅうい》だったということです。

お題

「コレで世界一を目指す！」といえば、

家でのゴロゴロ。

13 憲法の出どころはどこ？

キーワード

憲法制定権力

「家でゴロゴロ」といえば、小学校のクラスで「一番グータラな学校の道具は何か？」を議論《ぎろん》したことがありました。フジタ君は、「1年に1回しか働《はたら》かない運動会の大玉だ」。ヤスダ君は、「年に1回、確実《かくじつ》に働くのなら割《わり》と働き者だ。防災頭巾《ぼうさいずきん》の方がよほど怠《なま》けものだ」。アサカワさんは、「防災頭巾は、毎日、災害《さいがい》に備《そな》えて待機《たいき》しているのだから、学校一の働き者よ」と言います。

　では、トミナガは何に目をつけたのでしょう。トミナガは、「なんてったって、理科室の骨格標本《こっかくひょうほん》ほどグータラなものはない。一日中、ボーッと立っているだけで、授業《じゅぎょう》にも使わないじゃないか。どうせ、あいつは俺たちが帰った後、『ヤレヤレ』とか言って、ゴロッと寝転《ねころ》がってテレビを見ながら、アルコールランプでスルメを焼《や》いてかじってるに違《ちが》いない」と主張《しゅちょう》しました。

一月ほどたった頃《ころ》、隣《となり》の隣のクラスで、「夜になると、スルメをかじる骨格標本」の怪談《かいだん》が語られるようになりました。そのクラスの人は、「怪談のわりにさっぱり怖《こわ》くないのはなんでだろう?」と不思議《ふしぎ》がっていましたが、出どころがトミナガの出まかせなので、怖くなくて当たり前です。ものごとを理解《りかい》するには、やはり出どころが大事ですね。

ところで、憲法が国家に対して「守りなさい」と命ずる内容《ないよう》は、誰《だれ》が決めたかにかかわらず、その大切さが明らかなものばかりです。例えば、「表現《ひょうげん》の自由」は私たちの生活を豊《ゆた》かにしてくれますし、「立法《りっぽう》・行政《ぎょうせい》・司法《しほう》の三権分立《さんけんぶんりつ》」がしっかりしていないと、権力《けんりょく》が乱用《らんよう》されます。

しかし、**「そもそも、どうして憲法を作ろうとしたのか?」を考えるときは、「出どころ」を思い出す必要《ひつよう》があります**。それが書かれているのが、「第1条」といった憲法条文《じょうぶん》の前に置かれた「前文《ぜんぶん》」です。

憲法を作った力のことを「憲法制定《せいてい》権力」と言います。日本国憲法の前文には、憲法制定権力を担《にな》ったのが国民であり、「自由のもたらす恵沢《けいたく》(恩恵《おんけい》)を確保《かくほ》し、政府の行為《こうい》によつて再《ふたた》び戦争の惨禍《さんか》が起ることのないやうにすることを決意」して憲法を作った、と説明《せつめい》されています。

憲法の条文をどう解釈《かいしゃく》するか迷《まよ》ったときには、憲法を作った理由に立ち返り、「国民の自由のためになるか」「戦争を導《みちび》かないか」などと考えると、適切《てきせつ》な結論《けつろん》が導かれます。

いよいよはじまりました家《いえ》でゴロゴロワールドカップ2018!!
わたしも家《いえ》でゴロゴロワールドカップに出《で》るわ!!
なんのために?
自由《じゆう》のためよ それはわたしの自由《じゆう》なのよ 自由《じゆう》のもたらす恵沢《けいたく》をうけとるためなのよ
IE《イエ》 DE《デ》 GOROGORO《ゴロゴロ》
WORLD《ワールド》 CUP《カップ》 2018
今年《ことし》のチャンピオンはアルコールランプでスルメを焼《や》く骨格標本《こっかくひょうほん》さん
サッカーワールドカップ
いねむり
ぐ

キーワード【憲法制定権力《けんぽうせいていけんりょく》】明治憲法の憲法制定権力は天皇《てんのう》にありました。「日本国憲法では、国民に憲法制定権力がある」と言っても、国民全員で憲法条文《じょうぶん》を書いたわけではありません。国民が憲法制定権力を担《にな》うということは、「憲法の出発点は、天皇ではなく、国民に広く受け入れられたことにある」ということを意味します。

お題

「コレで世界一を目指す！」

といえば、

大食い！

⑭ 衆議《しゅうぎ》院《いん》と参《さん》議《ぎ》院《いん》で意見が違《ちが》うときはどうするか？

キーワード

両院協議会

大食いと言えば、「食わず女房《にょうぼう》」。ごはんも食べずによく働《はたら》く女房だと思っていたら、実は、後頭部にも大きな口があって、夫《おっと》のいぬ間におにぎりをバクバク食べていたという妖怪《ようかい》です。

4年生の担任《たんにん》は、「給食残《のこ》すな」が口癖《くちぐせ》でした。小食のヨシダさんは、「そんなんじゃ、大きくなれない」と言われ続《つづ》け、とてもつらそうでした。

ところが、ある日、ヨシダさんが、大盛《おおも》りの給食を前にニコニコしています。相変《あいか》わらず、少しずつしか食べないのですが、ふと気づくと、びっくりするほど給食が減《へ》っていいます。様子を観察していると、ヨシダさんは、右手でサラダを食べながら、左手でマーボー豆腐《どうふ》の入ったお皿を頭の後ろに持っていきます。

「これがウワサの二口女か！」と、よくよく見ると、ヨシダさんの後ろに、何本

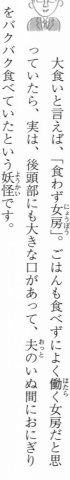

もの手が伸《の》びています。なんと、トミナガをはじめとした「大食い男子ズ」が、ヨシダさんから受け取った皿を次々に空にしていっていたのです。

その日、ヨシダさんは笑顔《えがお》で、ごはん3杯《ばい》、サラダ4皿、マーボー豆腐7皿、牛乳《ぎゅうにゅう》5本を空にしました（主に頭の後ろの口によって）。そもそも、食事の量《りょう》には個人差《こじんさ》があり、健康《けんこう》に必要《ひつよう》な分を食べているなら、「給食を残すな」と強制《きょうせい》するのは良くありません。無理《むり》やり食べたところで、背《せ》も伸びません。そんな理不尽《りふじん》に、ヨシダさんやトミナガは、チームプレーで対抗《たいこう》したわけです。

ところで、日本の国会には、衆議院《しゅうぎいん》と参議院《さんぎいん》があり、それぞれの院には「全国《ぜんこく》民《みん》の代表」として議員が集まっています。**それぞれの院は独立《どくりつ》に議論《ぎろん》していますから、異なる結論《けつろん》に至《いた》ることがあります。**例えば、ある法律案《ほうりつあん》について、衆議院は過半数《かはんすう》の賛成《さんせい》で可決《かけつ》したのに、参議院では否決《ひけつ》されたとか、衆議院と参議院で別《べつ》の人を内閣総理大臣《ないかくそうりだいじん》に指名したといった具合です。

これでは、国会としての結論が出なくて困《こま》ってしまいます。そこで、それぞれの院から代表を10人ずつ出して、「なんとか合意できないか」と議論する「両院《りょういん》協議会《きょうぎかい》」を開きます。場合によっては、ここで修正《しゅうせい》案を作り、それぞれの院に持ち帰って、修正案で成立させるなんてこともできます。

衆議院も参議院も、全国民のために働く会議です。ヨシダさんとトミナガたちのように、協力して物事を前に進めてほしいですね。

キーワード【両院協議会《りょういんきょうぎかい》】内閣総理大臣《ないかくそうりだいじん》の指名（憲法67条）、予算の承認《しょうにん》（60条）、条約《じょうやく》の承認（61条）で、衆議院《しゅうぎいん》と参議《さんぎ》院《いん》の結論《けつろん》が分かれた場合には、必ず両院協議会を開かなくてはなりません。他方、法律案《ほうりつあん》の場合は、開催《かいさい》しなくてもよいとされます（59条）。実際《じっさい》にこの会が活用されるのはまれですが、衆参両院の衝《しょう》突《とっ》を避《さ》けるために、重要《じゅうよう》な制度《せいど》だと言えるでしょう。

夏

お題

「夏休みにしたいこと」
「宿題をラクに終わらせる方法」
「運動会の種目」

お題

「夏休みにしたいこと」といえば、

絶対《ぜったい》に旅行！

15 外国に住むのも旅行するのも自由なのはどうして？

キーワード
外国移住の自由

夏休み直前のある日、ヨネダ君が「今年は、家族旅行に行けなくて残念《ざんねん》だ」とつぶやきました。それを聞いたトミナガは、「『住めば都』って言うだろ。『行けば旅行』なんだよ」と力強く宣言《せんげん》し、みんなを屋上に連《つ》れて行きました。

夏の屋上なんて、暑いだけで何も面白みはありません。みんなが途方《とほう》に暮《く》れていると、勘《かん》のいいツクイさんが唐突《とうとつ》に、「さすがに、ハワイは日差《ひざ》しが強いわねー」と言いました。それでピンと来たのか、カワダさんは、プールを見ながら「ハワイの海は青いわねー」としきりに感動しています。

続《つづ》いて、トミナガはみんなを図書室に連れて行きました。ツクイさんが「次は、ピラミッドの中を探検《たんけん》ね」と言うと、ヨネダ君が「これを見てみろよ。ツタンカ

ーメンの伝記だ」と続きます。ようやく状況《じょうきょう》を理解《りかい》した他のメンバーも、「やっぱりピラミッドは最高！」と盛《も》り上がりました。その後、サハラ砂漠《さばく》（校庭）↓猛獣《もうじゅう》いっぱいのジャングル（職員室《しょくいんしつ》。ライオンのようなヤマダ先生に怒《おこ》られ、命からがら脱出《だっしゅつ》）↓南極《なんきょく》（唯一《ゆいいつ》、冷房《れいぼう》が設置《せっち》されていたパソコンルーム）↓ルーブル美術館《びじゅつかん》（図工室）とまわり、教室に戻《もど》ってきました。教室はもちろん、「成田空港《なりたくうこう》」です。

見慣《みな》れた学校の風景《ふうけい》でも、「これは旅行だ」と思って巡《めぐ》れば楽しいものです。トミナガの言う通り、「住めば都、行けば旅行」なんですね。

ところで、あなたは、外国に旅行したり移住《いじゅう》したりしたいと思ったことはありますか。**海外旅行は、その国・地域《ちいき》ならではの文化や自然《しぜん》に触《ふ》れる貴重《きちょう》な機会《きかい》です。外国の人と交流すると、世界にはいろいろな立場や考え方の人がいることがわかります。**外国についての誤解《ごかい》が解《と》けることもあるでしょう。中には、旅行だけでは満足《まんぞく》できずに、外国で働《はたら》いたり暮らしたりしたいと思う人もいるでしょう。

そこで、憲法22条2項は「何人も、外国に移住……する自由を侵《おか》されない」と規定《きてい》しました。一般《いっぱん》的な語感からすると、「移住」という言葉は、比較的《ひかくてき》長期間の滞在《たいざい》を指しているようにも思います。しかし、ここで言う「移住」には、短期間の旅行も含《ふく》まれるというのが一般的な解釈《かいしゃく》です。

「行けば旅行」を学校の中でやるのもよいですが、チャンスがあったら、ぜひ、海外旅行の自由を楽しんでください。

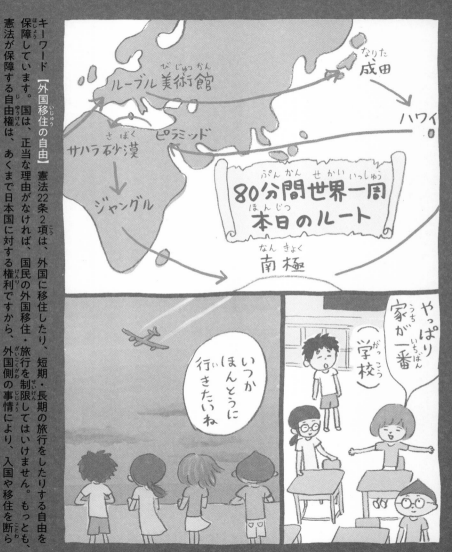

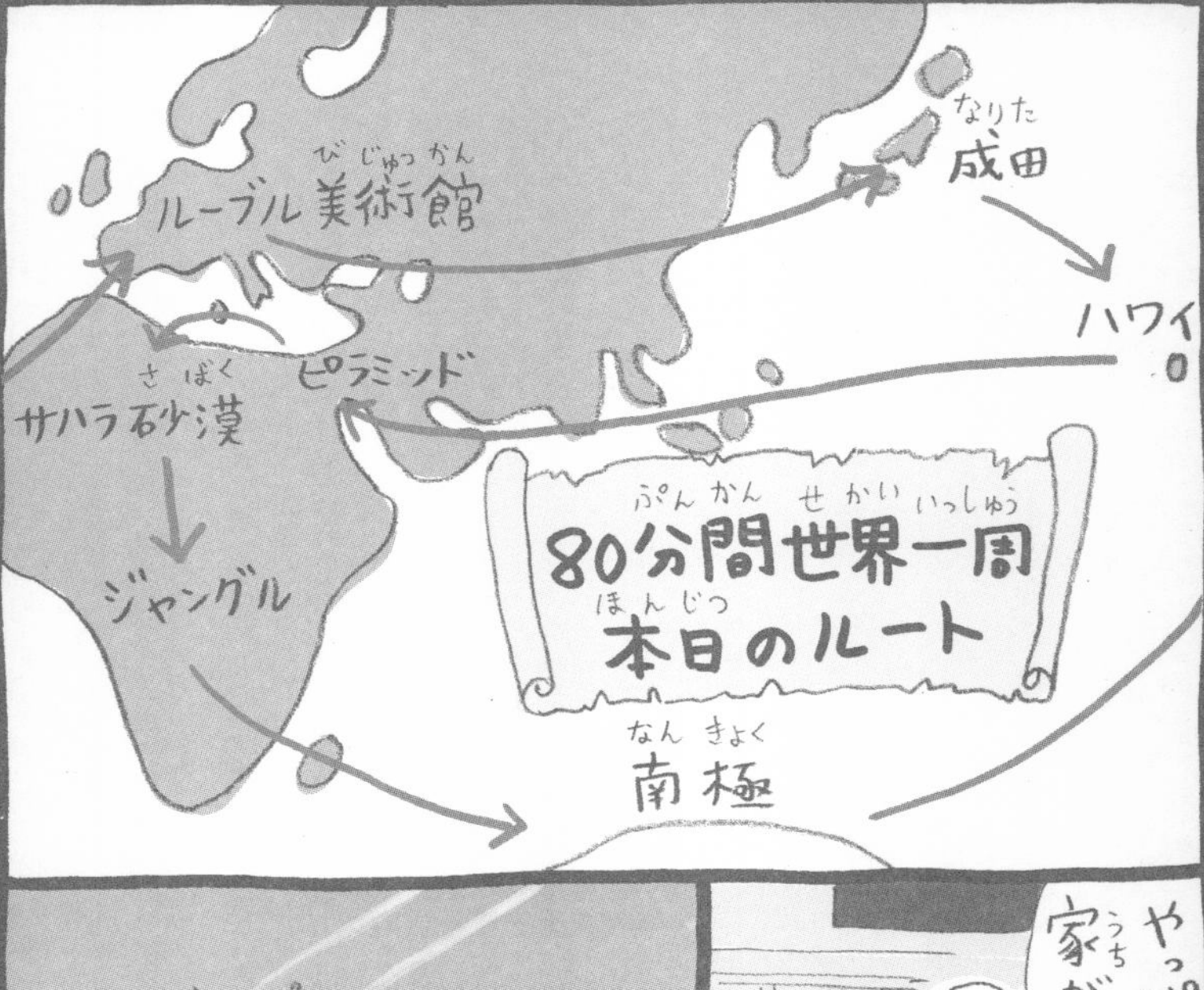

キーワード【外国移住《いじゅう》の自由】憲法22条2項《こう》は、外国に移住したり、短期・長期の旅行をしたりする自由を保障《ほしょう》しています。国は、正当な理由がなければ、国民の外国移住・旅行を制限《せいげん》してはいけません。もっとも、憲法が保障する自由権《じゆうけん》は、あくまで日本国に対する権利《けんり》ですから、外国側《がいこくがわ》の事情《じじょう》により、入国や移住を断《ことわ》られることもあります。

お題

「夏休みにしたいこと」といえば、

絶対に将棋《しょうぎ》!

16 選挙のルールは、どうあるべきか?

キーワード
選挙運動の自由

もうすぐ林間学校というある日、私たちの間で、キャンプファイアの歌について激《はげ》しい派閥争《はばつあらそ》いが起きました。ヨネダ派《は》は、さまざまな妖怪《ようかい》にふんして「ゲゲゲの鬼太郎《きたろう》のテーマ」を歌う案《あん》を出しました。子泣《こな》き爺《じじい》をやる気満々《まんまん》のヤスダ君、バックベアード様に憧《あこが》れるヤトー君がヨネダ派に加《くわ》わったのは言うまでもありません。他方、アサカワ派は、ディズニーランドの不朽《ふきゅう》の名曲「小さな世界」を掲《かか》げました。立場を決めかねていたトミナガは、ヨネダ派からは「ねずみ男をさせてやる」、アサカワ派からは「ミッキーマウスの耳をつけられるわよ」と誘《さそ》われています（見た目はだいぶ違《ちが》いますが、どちらもネズミです）。

均衡《きんこう》を破《やぶ》ったのは、アサカワ派キタムラさんの、「このままではケチャップがつかないから、将棋《しょうぎ》で決めましょう」との発言でした（例によってツクイさんは、

「ケチャップじゃなくて、決着ね」と突《つ》っ込《こ》みました）。ヨネダ派は、休み時間将棋トーナメント（自由参加《じゆうさんか》）の優勝者《ゆうしょうしゃ》ヤトー君がいたことから、快諾《かいだく》しました。

お昼休みに、勝《か》ち抜《ぬ》き5番勝負が開催《かいさい》されました。初《はじ》めは楽勝ムードが漂《ただよ》っていたヨネダ派の顔色が、あっという間に曇《くも》ります。先鋒《せんぽう》として登場したキタムラさんに誰《だれ》も歯が立たないのです。頼《たの》みの綱《つな》の大将《たいしょう》ヤトー君が、王手飛車《おうてびしゃ》で飛車を失《うしな》い、追《つ》い詰められた角《かく》がと金《きん》に捕《つか》まり、9手詰めが決まったところで、ヨネダ派の希望《きぼう》は途絶《とだ》えました。

後でわかったのですが、キタムラさんは、将棋道場初段《しょだん》の実力者だったのです。キタムラさんは、自分がクラスで一番強いことをわかっていて、将棋で決めようと提案《ていあん》したわけですね。とんでもないワルです。

ところで、選挙《せんきょ》の候補者《こうほしゃ》にも得意不得意《とくいふとくい》があります。インターネットサイトを作るのが得意な人、有権者《ゆうけんしゃ》のお宅《たく》にあいさつ回りをしてくれるボランティアがたくさんいる人、お金があってビラをたくさんまける人。そうなると、**どんな選挙運動《うんどう》を認《みと》めて、どんな選挙運動を禁《きん》ずるかで、選挙に有利不利《ゆうりふり》が出てきます。**

「選挙運動のルールは、候補者に平等に適用《てきよう》されさえすればよい」という学者さんもいます。しかしそれでは、国会の多数派《たすうは》が、自分たちに有利な選挙運動のルールを作ってしまうかもしれません。最近《さいきん》は、「どんな選挙運動をしても自由を原則《げんそく》に、個別《こべつ》に規制《きせい》の是非《ぜひ》を考えるべきだ」という意見が強くなっています。

キーワード【選挙運動《せんきょうんどう》の自由】選挙運動とは、ある選挙で、ある候補者《こうほしゃ》を当選《とうせん》させたり、落選《らくせん》させたりするための運動です。選挙運動は、表現《ひょうげん》の自由で保護《ほご》される行為《こうい》とされます。日本の公職選挙法《こうしょくせんきょほう》は、他の国に比《くら》べると、「戸別訪問《ほうもん》はダメ」「ビラは何枚《まい》まで」などと禁止《きんし》事《じ》項《こう》が多く、見直すべきだとの主張《しゅちょう》も強くなってきています。

お題

「夏休みにしたいこと」

といえば、

かき氷をたくさん食べる！

17 国が自由や平等を制限できるのはどんなとき？

キーワード

合理性の基準

暑い夏といえば、かき氷。冷《つめ》たくておいしいのですが、あまりの暑さに、どんどん溶《と》けてしまうのが難点《なんてん》です。

夏休みのある日、トミナガは、「溶けにくいかき氷」を作ろうと、一人、思案《しあん》していました。そんなトミナガをよそに、ヨネダ君が、「怖《こわ》い話大会で、涼《すず》しくなろう」と、とても怖い話をはじめました。

トミナガは、怖い話が大の苦手。「冷蔵庫《れいぞうこ》の裏《うら》には怖い小人が住んでいる」と聞いただけで、一日、冷蔵庫に近寄《ちかよ》れなくなるヤツなのです（その日は、最高気温が37度に達していたのに、アイスも麦茶も取りに行けずに過《す》ごしていました）。

しかし、この日は、真剣《しんけん》に、ヨネダ君の話に耳を傾《かたむ》けていました。勘《かん》のいい人は、おわかりでしょう。トミナガは、「かき氷に怖い話をすれば、かき氷がより

冷たくなって、溶けにくくなる」と考えたのです。

トミナガは帰宅後、かき氷に怖い話を聞かせましたが、当然《とうぜん》、特《とく》に溶けにくくはならなかったそうです。「怖い話を一生懸命聞いて損《そん》した」と肩《かた》を落としていました。そもそも、人間が怖い話を聞いて涼しくなるのは、話を理解《りかい》して怖がるからです。かき氷に声をかけても、何かが変《か》わるわけがありません。

憲法解釈《かいしゃく》の世界にも、「役に立たないことはやめましょう」という考え方があります。国が、人々の自由を制限《せいげん》したり、人と人とを区別したりすれば、「自由《じゆう》権《けん》」や「平等権《びょうどうけん》」の制約《せいやく》になります。ただ、国の政策《せいさく》を実現《じつげん》するために、人々の権利を制約しなければならないこともあります。そこで、「どんな条件《じょうけん》を満《み》たせば、権利の制約を合憲《ごうけん》とするか?」を判断《はんだん》する基準《きじゅん》が必要《ひつよう》です。これを「違憲審《いけんしん》査《さ》基準《きじゅん》」と言います。

権利を制限する程度《ていど》が弱い場合や、人種差《じんしゅさ》別《べつ》などの深刻《しんこく》な背景《はいけい》がない区別の場合には、「合理《ごうり》性《せい》の基準」という違憲審査基準が使われます。具《ぐ》体的《たいてき》には、**①政策の目的が正しいこと、②その目的達成《たっせい》に、自由の制限や人の区別が役に立っていること、**という二つのハードルをパスしなくてはなりません。

かき氷に怖い話をするのは、「かき氷を溶けにくくしたい」という目的は正しくても、目的達成の役に立ちません。これでは、合理性の基準をパスできませんね（トミナガは公権力《こうけんりょく》ではないし、かき氷に権利はないので、単《たん》に「無駄《むだ》」なだけですが）。

誰《だれ》もいないはずの家《いえ》から人《ひと》の声《こえ》が…
「誰《だれ》かいますか?」返事《へんじ》はありません
ブルブル
どんどん溶《と》けてる
びっしょり
はやく食《た》べればいいのに

キーワード【合理性《ごうりせい》の基準《きじゅん》】違憲審査基準《いけんしんさきじゅん》とは、国が自由や平等の制限《せいげん》をしたときに、合憲性《ごうけんせい》を判断《はんだん》する基準です。そのうち「合理性の基準」は、比較的緩《ひかくてきゆる》い基準で、職業選択《しょくぎょうせんたく》の自由などの「経済的自由《けいざいてきじゆう》」の制限《せいげん》や、人種差別《じんしゅさべつ》や性差別《せいさべつ》には当たらない不平等《ふびょうどう》などの判断に使います。緩やかな基準とはいえ、国が、目的《もくてき》のために役に立たないような不合理《ふごうり》なことをするのは許《ゆる》されません。

お題

「夏休みにしたいこと」といえば、

東海道線に乗りたい！

18 自分のやりたくない仕事を押しつけられたら？

キーワード
意に反する苦役からの自由

私は子どもの頃《ころ》、神奈川県横浜市《かながわけんよこはまし》に住んでいました。横浜市民にとって「東海道線」は特別《とくべつ》な存在《そんざい》です。立派《りっぱ》なプールのある大磯《おおいそ》、お城《しろ》で有名な小田原《おだわら》、海水浴場《かいすいよくじょう》と温泉《おんせん》のある熱海《あたみ》（熱海からは伊豆《いず》大島への船まで出ている！）と楽しい駅が続き、ウキウキしてきます。

ところで、電車といえば、トミナガの「兄」。彼は、横浜から港南台《こうなんだい》に行こうと京浜東北線大船《けいひんとうほくせんおおふな》行きに乗り、寝過《ねす》ごして大宮《おおみや》で目を覚《さ》ましたことがあるそうです。関東在住《かんとうざいじゅう》でない方のために、経路《けいろ》を整理すると、横浜駅発↓港南台駅通過（出発から約20分経過《けいか》）↓終点大船駅着（同約30分経過）↓折《お》り返しで大宮駅行き大船駅発↓港南台駅通過（同約50分経過）↓横浜駅通過（同約70分経過）↓終点大宮駅着（同約160分経過）ということです。いくらなんでも寝すぎでしょう。

しかし、帰ってきたトミナガ兄に悲《ひ》壮感《そうかん》は全くありません。「ちょっと寝過ごして、おなかがすいて大宮駅でそばを食べたら、最高《さいこう》にうまかった」と楽しそうに語るではありませんか。それ以来《いらい》、私には、「京浜東北線といえばおそば」「大宮駅はおそばの聖地《せいち》」というイメージができ上がりました。トミナガ兄を知らない人には、このイメージが伝《つた》わらないのが残念《ざんねん》です。

さて、人によってイメージが違《ちが》うものに「仕事」があります。例えば、私は、注射《ちゅうしゃ》やケガの話を聞くだけで、自分が注射をされたり、ケガをしたりした気になってクラクラするので、お医者さんの仕事はとてもつらそうに思います。しかし、お医者さんになった知人は、注射をしたり、ケガの治療《ちりょう》をしたりしても、何ともないそうです。ちなみにトミナガは、食べ物を粗末《そまつ》にするのが心の底《そこ》から嫌《いや》だそうで、「飲食店の仕事は、お客さんが残《のこ》した食べ物を処分《しょぶん》しなくてはならないかもしれない。自分には苦しすぎて無理《むり》だ」と言っています。

このように、**「どんな仕事をつらく感じるか」は、人によってさまざまです。**みんなが「楽な仕事だから、いいだろう」と思って、ある仕事を誰《だれ》かに押《お》し付けたところ、押し付けられた本人は「心が押しつぶされるくらいに苦痛《くつう》だ」ということがあり得《え》ます。そこで、憲法18条は、「何人も、いかなる奴隷的拘束《どれいてきこうそく》も受けない。又《また》、犯罪《はんざい》に因《よ》る処罰《しょばつ》の場合を除《のぞ》いては、その意に反する苦役《くえき》に服させられない」と定め、特定《とくてい》の仕事を無理強《むりじ》いされない自由を保障《ほしょう》しています。

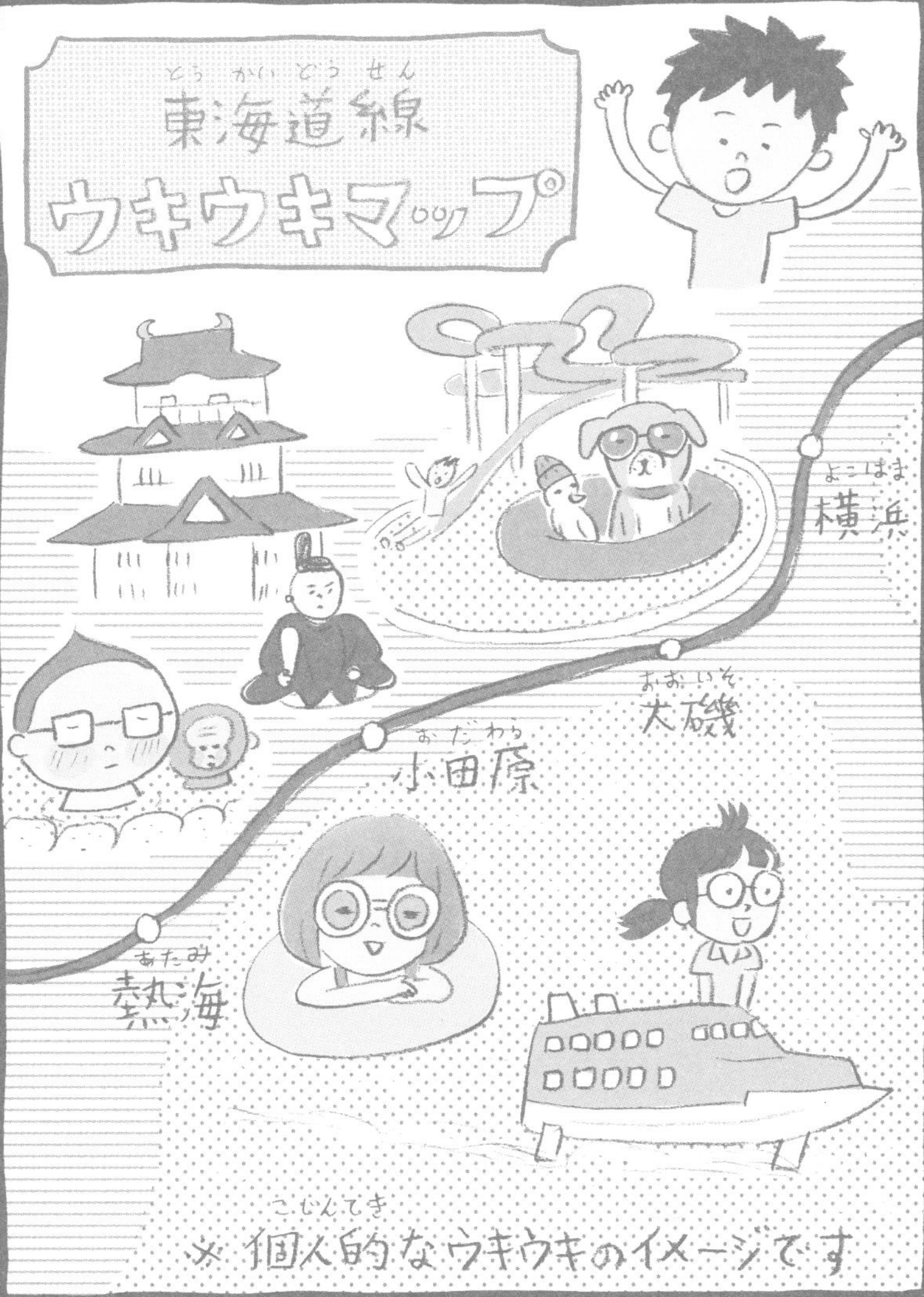

キーワード【意に反する苦役からの自由】「苦役」というと、昔の奴隷《どれい》たちが強いられていたような、重たいものを運んだり、何日も寝《ね》ないで働《はたら》いたりする労働《ろうどう》だけを言うように聞こえるかもしれません。しかし、何が苦しいかは人によって異《こと》なります。そこで、「苦役」とは、強制《きょうせい》された労働一般《いっぱん》を意味すると理解《りかい》されています。

「第4章 国会」「第5章 内閣」「第6章 司法」をよむ その1

500円の罰金《ばっきん》

嵐《あらし》の図書室で、憲法の旅は続きます。先生は、身長約30cmの幽霊《ゆうれい》・アキヤマさんと、師匠《ししょう》のキャシーさん。キャシーさんは、「続いて、統治《とうち》機構《きこう》に入るかの」と旅を進めました。

アキヤマ　憲法は、権利を保障《ほしょう》した第3章のあとに、国会や内閣《ないかく》、裁判所の仕事や組織《そしき》を定めた章が続きます。これらの章は、「統治機構」と呼《よ》ばれています。

ツクイ　「統治」って何ですか？

アキヤマ　権力《けんりょく》を使って国民を支配《しはい》することです。「機構」とは、ルールに従《したが》って、相互《そうご》に仕事を分担《ぶんたん》している組織、というくらいの意味です。

キャシー　日本の統治機構は、国会・内閣・裁判所と3つの組織に分かれている。なぜ、こう分かれているかを説明《せつめい》する前に、クイズじゃ。

Q

A君、B君、C君、D君が、掃除《そうじ》当番を割り振《わふ》ることにしました。どちらのやり方が、より公平に当番を割り振れるでしょうか?

①A君が、他の3人の割り当てを決める。

②多数決で、割り当てのルールを決めて、A君が、そのルールに従って、みんなに割り当てを決める。

トミナガ　割り当て係のA君がどんな人かによるな。

キタムラ　私がA君なら、みんな満足するわね。

ツクイ　トミナガ君やキタムラさんが割り当て係になったら、訳《わけ》がわからない順番になって、みんなが混乱《こんらん》するわよ。

ヨネダ　普通《ふつう》に考えると、②の方がいいよね。例えば「名前順に2人ずつ割り当てる」ってルールを多数決で決めて、A君が割り当てていけば公平だ。

アキヤマ　その通りです。いきなり誰《だれ》かが、国の権力の在《あ》り方を決めたのでは、場当たり的で、不公平《ふこうへい》が生じがちです。そこで、あらかじめルールを作って、そのルールに従って権力を行使しよう、という考え方が生まれました。これを「法の支配」と言います。

トミナガ　なんだか、回りくどいなあ。

アキヤマ　でも、首相や裁判官は、国民から集めた税金《ぜいきん》の使い道を決めたり、人に命令《めいれい》したり、刑罰《けいばつ》を科したり、ともかく大きな権力を持っていますからね。権力が公平なルールに基《もと》づいていなかったら、大変《たいへん》なことになりますよ。

キャシー　そこで、憲法は、公平なルールを作るために、まず「立法権《りっぽうけん》」という権力を作って、国会にそれを担当《たんとう》させたのじゃよ。国会は、自分たちで予算を使ったり、命令を出したりはしない。でも、法律を作るというのは、とても大事な仕事なのじゃ。

ツクイ　まずは国会が公平なルールを作って、内閣や裁判所は、そのルールに従って、権力を行使するのね。三権分立《さんけんぶんりつ》って言うけど、まずは、国会と内閣・裁判所に分かれて、そこからさらに、内閣と裁判所が分かれるイメージね。

第4章　国会
第41条　国会は、国権《こっけん》の最高機関《さいこうきかん》であつて、国の唯一《ゆいいつ》の立法機関《りっぽうきかん》である。
第5章　内閣
第65条　行政権《ぎょうせいけん》は、内閣に属《ぞく》する。
第6章　司法
第76条　第1項《こう》　すべて司法権は、最高裁判所及び法律の定めるところにより設置《せっち》する下級裁判所に属する。

図書係の旅は、統治機構編に入り、ますます盛《も》り上がるのでした。

コラム●旅する憲法③につづく。

お題
「宿題をラクに終わらせる方法」

といえば、

４年生の児童１２０人全員で分担《ぶんたん》！

19 急遽《きゅうきょ》、新しい法律が必要になったときは？

キーワード
参議院の緊急集会

夏休みに入り、私たちはトミナガの家で宿題をやっていました。ヨネダ君が「学年１２０人全員で分担《ぶんたん》すれば、あっという間に終わるのに」とぼやきました。するとトミナガは、「１人分の宿題を１２０人でやれば早く終わるのは当然《とうぜん》だ。むしろ、１２０人でやらないと終わらない夏休みの宿題とは何か？これを探求《たんきゅう》すべきだ！」と言い出しました。

ヨネダ君が、「１００マス計算１２０枚《まい》とか？」と聞くと、トミナガは、「それは、１人分の宿題を１２０倍にしてるだけ。１２０人が一丸にならないといけない課題《かだい》じゃないとダメだ」と言います。我々は「１２０ｍ海苔《のり》巻きの作成《さくせい》」、「３０００ｍリレー水泳」「万里《ばんり》の長城《ちょうじょう》の建設《けんせつ》」と次々にアイデアを出しますが、トミナガは「そんな長い海苔はない」「そんな長いプールはない」「そもそも１２０

人いても造《つく》れない」と、にべもなく退《しりぞ》けます。

均衡《きんこう》を破《やぶ》ったのは、フジタ君。「ゴジラに襲《おそ》われたときだよ！」確《たし》かに、ゴジラに襲われたら、自衛隊任《じえいたいまか》せではなく、各人《かくじん》が秩序《ちつじょ》を保《たも》って避難《ひなん》したり、いろいろな専門家《せんもんか》がゴジラの弱点を研究したりする必要《ひつよう》があるでしょう。こうして私たちは、「ゴジラ来襲《らいしゅう》！　緊急事態対策《きんきゅうじたいたいさく》マニュアル」の作成を自由研究の課題とし、一丸となって先生に提出《ていしゅつ》したのでした。

ところで、国の緊急事態に、新しい法律《ほうりつ》が必要になったときはどうするのでしょうか。まず、国会開会中なら、必要な法律を制定《せいてい》できます。また、国会が閉会《へいかい》している場合でも、憲法53条により、内閣《ないかく》は臨時《りんじ》国会《こっかい》を召集《しょうしゅう》できます。

ただ、国会には衆議院《しゅうぎいん》と参議院《さんぎいん》とがあり、衆議院には解散制度《せいど》があります。国会は衆参両院《しゅうさんりょういん》が同時に開催《かいさい》されなければいけませんから、衆議院解散中には臨時国会を開けません。これでは、必要な法律を制定できません。

そこで、**憲法54条2項《こう》は、「内閣は、国に緊急の必要があるときは、参議院の緊急集会を求《もと》めることができる」と規定《きてい》し、参議院が単独《たんどく》で国会の機能《きのう》を果《は》たせるようにしました。**ちなみに、参議院の任期《にんき》は6年で、3年ごとに半数を改選《かいせん》します。ですから、「3年以上選挙ができない」なんて状況《じょうきょう》（もはや国が成《な》り立っていない状況）にならない限《かぎ》りは、参議院議員がゼロになることはありません。

このように、日本国憲法は、緊急事態に法律で対処《たいしょ》できるよう備《そな》えています。

キーワード【参議院《さんぎいん》の緊急集会《きんきゅうしゅうかい》】憲法54条2項《こう》は、「衆議院《しゅうぎいん》が解散《かいさん》されたとき」には、参議院の緊急集会を開けるとしています。また、衆議院議員の任期《にんき》が切れていて、選挙期間中《せんきょきかんちゅう》の場合も、緊急集会は開催《かいさい》できるとされます。緊急集会でとった措置《そち》は、あくまで臨時《りんじ》のもので、「次の国会開会の後10日以内《いない》に」衆議院の同意を得《え》る必要《ひつよう》があります（憲法54条3項）。

お題

「宿題をラクに終わらせる方法」

といえば、

きびだんごでイヌ・サル・キジに手伝わせる！

20 裁判官は自分だけで自分の意見を決める

キーワード

裁判官の独立

桃太郎《ももたろう》といえば、小学校6年生の演劇《えんげき》発表会でのできごと。「僕が桃太郎をやる」（フジタ君）、「私はシンデレラね」（アサカワさん）、「金魚姫《ひめ》をやるのは私よ」（キタムラさん）、「それを言うなら人魚姫でしょ」（ツクイさん）と、みんなが好き放題を言って、大混乱《だいこんらん》になりました。そもそも何の劇《げき》をやるのかすら決まらない中、トミナガが「こうなったら、全員が好きな役をやろう。ちなみに、僕は一寸法師《いっすんぼうし》ね。脚本《きゃくほん》はヨネダ君だ」と宣言《せんげん》しました。

ヨネダ君が苦心の末《すえ》に書いた脚本は、こんなお話でした。

ある日、桃太郎がシンデレラに出会い、きびだんごをあげようとしました。しかし、シンデレラは、「ショートケーキの方がおいしいから、私が作るわ」と言って、そのショートケーキで金太郎、一寸法師、ピーターパン、孫悟空《そんごくう》その他を

仲間にし、かぼちゃの馬車に乗って鬼《おに》が島《しま》に突入《とつにゅう》。島では、三国志《さんごくし》の諸葛亮孔明《しょかつりょうこうめい》に率《ひき》いられたゴジラと海賊《かいぞく》とシンデレラの継母《ままはは》が迎《むか》え撃《う》つ。シンデレラ継母の「掃除《そうじ》しなさいビーム」の直撃《ちょくげき》を受けた孫悟空は島中を掃除してヘトヘトに。絶《ぜっ》体絶命《たいぜつめい》のピンチを迎えるが、最後《さいご》は、トミナガの一寸法師を踏《ふ》み潰《つぶ》したゴジラが、金太郎と相撲《すもう》で相打ちになり、みんな仲直《なかなお》りしてめでたしめでたし。

この劇では、ほぼ全員が主役ですが、実は、裁判官も裁判の場では全員が主役です。裁判官は、刑罰《けいばつ》を科したり、土地の所有権《しょゆうけん》を定めたりと、個人《こじん》の権利《けんり》の行方《ゆくえ》を最終的《さいしゅうてき》に決める仕事をします。知り合いを優遇《ゆうぐう》するなど、もってのほか。中立・公平であることがとても大切です。それには、**国会議員や大臣《だいじん》の圧《あつ》力《りょく》に屈《くっ》しないのはもちろんのこと、最高裁判所の裁判官や、裁判所の所長からも独立《どくりつ》して仕事をしなくてはなりません。これが「裁判官の独立」です。**

昔、地方裁判所の所長が、ある法廷《ほうてい》の裁判長に、判決《はんけつ》の方向性《ほうこうせい》を指導《しどう》するような手紙を送りました。所長さんは、相手に圧力をかけるつもりなどなく、よかれと思って手紙を書いたのでしょうが、「裁判官の独立を侵害しかねない」と大問題になり、所長さんは最高裁判所から注意を受けました。

裁判所の所長は、裁判所の予算や建物《たてもの》の管理《かんり》の責任者《せきにんしゃ》ですが、担当外《たんとうがい》の個々《ここ》の裁判には関与《かんよ》してはいけません。あくまで主役は、それぞれの担当裁判官です。

キーワード【裁判官《さいばんかん》の独立《どくりつ》】憲法76条3項《こう》は「すべて裁判官は、その良心に従《したが》ひ独立してその職権《しょっけん》を行ひ、この憲法及《およ》び法律《ほうりつ》にのみ拘束《こうそく》される」と、個々《ここ》の裁判官の独立を定めています。裁判は、法に基《もと》づいて行うべきで、政治家や裁判所の上司《じょうし》の意向で結果《けっか》が左右されてはなりません。

お題

「宿題をラクに終わらせる方法」

といえば、

毎日同じ生活、毎日同じ一言日記！

21 「何を言おうが表現の自由」ではない

キーワード

名誉毀損

6年生の夏休み、私たちはトミナガの家に集まりました。みんながゲームを楽しんでいる横で、「7月中に宿題を全て終わらせる」と決めたトミナガは、読書感想文や算数を快調《かいちょう》に仕上げていきます。しかし、急にトミナガの顔が曇《くも》りました。日記は「その日」が来なければ書けないではありませんか。

しばし考えたトミナガは、「8月1日、ラジオ体操《たいそう》に謎《なぞ》の黒服の男が乱入《らんにゅう》。この暑さに黒い服。男は、熱中症《ねっちゅうしょう》にならずに帰ることができるのか！」と、映画《えいが》予《よ》告編《こくへん》のような文章を書き始めました。ヨネダ君は「それは日記じゃないだろ」と突《つ》っ込《こ》みます。しかし、面白さ至上主義《しじょうしゅぎ》の私たちは、ゲームを放り出し、みんなで31日分の一言日記作成に没頭《ぼっとう》しました。

「8月3日、3丁目の児童公園《じどうこうえん》が大噴火《だいふんか》。砂場《すなば》から、失《うしな》われたはずの兄のエレキ

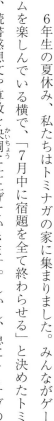

ギターが発見される。想定外の結末《けつまつ》に、全米が泣《な》いた」（ヨネダ君作）、「8月10日、プールの監視員《かんしいん》のお兄さんは、10年後からタイムトラベルしてきた友達の友達の友達の恋人《こいびと》だった。時をかけるほぼ他人。日本中をより暑苦しく」（タナカ君作）、最終日《さいしゅうび》の8月31日は、トミナガ自身が「ついに作戦決行の日。2台の防犯《ぼうはん》カメラをかいくぐり、スイカを割《わ》って無事帰還《きかん》なるか?! 全世界が注目する中、6年1組、ドリームチームがわんわんポックリに乗って挑《いど》む」と締《し》めました。

こうしてトミナガの夏休みは、全米が泣いたり笑《わら》ったり、日本中が恋《こい》に落ちたりすることになりました。これで「一言日記」の宿題を完成《かんせい》させたことになるかはひとまず置《お》いておくとして、自分が楽しむ日記に何を書くかは、その人の自由です。ただ、**いくら話としては面白くても、人を傷《きず》つけるうそを言いふらすのはダメです。**

憲法は「表現《ひょうげん》の自由」を保障《ほしょう》していますが、「うそを言いふらして、人の名誉《めいよ》を傷《きず》つけてもよい」とは言っていません。うそによる名誉毀《き》損《そん》に刑罰《けいばつ》を科したり、損害賠償《そんがいばいしょう》を命じたりすることは、憲法に違反《いはん》しないとされます。

例えば、そんな事実はないのに、「トミナガは、遠足のお菓子《かし》をスーパーで万引きした」と学級新聞に書いたりすれば、先生に「うそはいけないよ」と叱《しか》られるでしょう。「何を言おうが、表現の自由だからいいじゃないか」と反論《はんろん》したところで、誰《だれ》も取り合ってくれません。

キーワード【名誉毀損《めいよきそん》】名誉毀損をあまりに広く取り締《し》まると、守られるべき「表現《ひょうげん》の自由」が守られなくなってしまいます。そこで、表現を名誉毀損として規制《きせい》できる範囲《はんい》は、「公共《こうきょう》の利害《りがい》に関係《かんけい》ない場合」と「うその事実に基《もと》づく場合」に限《かぎ》られます。「あの大臣《だいじん》が賄賂《わいろ》をもらった」などの公共の利益《りえき》に関わる事実を、真実に基《もと》づき表現することは、名誉毀損にはなりません。

お題

「宿題をラクに終わらせる方法」

といえば、

未来の自分に任《まか》せる!

22 偏《かたよ》った統計をもとにした差別をしないために

キーワード
社会的差別

ある夏休み。あまりに多すぎる宿題に悩《なや》んだトミナガは、「未来の自分に手伝《てつだ》わせる」と言い出しました。

といっても、タイムマシンがあるはずもなし。「どうするのだろう?」と思って見ていると、「8月10日の自分、算数ドリル10ページ」、「8月11日の自分、漢字書き取り8ページ」といった具合に、未来の自分に手伝わせる表を作り始めました。トミナガは「これでタイムマシンなしでも未来の自分に手伝わせることができる!」とガッツポーズを決めました。

そこに通りかかったフジタ君。「それ、ただの予定表だよね」と冷《つめ》たいセリフを投げて去ってゆきました。我に返ったトミナガは、表を見ながら「夏休みは、来る日も来る日も、来たる日の宿題だ……」と、すっかり暗くなってしまいまし

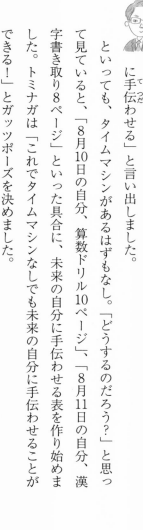

た。未来が見えるのも考えものです。

ところで、人の未来を暗くするものに差別《さべつ》があります。例えば、特別《とくべつ》な仕事を除《のぞ》けば、男性《だんせい》と女性《じょせい》との間に、仕事の能力《のうりょく》に差《さ》はありません。男女差ではなく個《こ》人差《じんさ》があるだけです。しかし、「女は働《はたら》かず子育てしてればいい」「女には指図されたくない」といった差別的な考えを持つ人が力を持つと、優秀《ゆうしゅう》な女性でも雇《やと》われなかったり、管理職《かんりしょく》に就《つ》けなくなったりしてしまいます。

さらに、差別がまん延《えん》すると、女の人たちは暗い未来を見通して「勉強しても行きたい会社に入れないから、勉強は意味がない」「出産したら辞《や》めさせられるんだから、仕事を頑張《がんば》っても損《そん》」と考えてしまいます。そうなると、「女性は学力が低《ひく》い」「女性は仕事を頑張らない」ということが「統計《とうけい》」に表れます。その「統計」を見た人たちは、「やっぱり女性を差別するのは正しい」と差別感情《かんじょう》を強めて、ますます女性が排除《はいじょ》されることになるでしょう。

近年、ある大学が、女性受験生《じょせいじゅけんせい》の得点《とくてん》を一律《いちりつ》に下げ、不利《ふり》な扱《あつか》いをしていたことがわかりました。女性であることだけを理由に減点《げんてん》するのはそれ自体が差別ですし、差別を助長する統計を作ることにもつながりかねません。

憲法14条1項《こう》は、こうしたことが起きないよう、「国は社会にある『差別』を放置してはいけない」と定めています。**国には、差別の結果として表れた「統計」を人々が利用しないようにして、差別を解消《かいしょう》していく責任《せきにん》があります。**

キーワード【社会的差別《しゃかいてきさべつ》】憲法は、国民の国家に対する権利《けんり》を定めた法です。憲法14条1項《こう》の定める「差別されない」権利も、基本《きほん》は「国家に差別されない権利」です。もっとも、国家が自ら差別しないだけでは、社会の差別をなくせません。そこで、憲法は、「社会的関係《しゃかいてきかんけい》において」も「差別されない」と定め、社会で起きる差別を解消《かいしょう》する措置《そち》を国家に求《もと》める権利を、人々に保障《ほしょう》したのです。

お題

「運動会の種目」

といえば、

昼寝《ひるね》競争《きょうそう》でしょう！

23

重要なことは、あらかじめ知らせる

キーワード

黙秘権の告知

仲良し家族数世帯《すうせたい》で出かけた、ある夏のキャンプでのこと。お昼は定番バーベキューです。ただ、食材にマシュマロが……。「こんなもの焼《や》いてどうするんだ？」とけげんに思っていました。ところがびっくり！　炭火であぶっただけで、あのムニュムニュのマシュマロが、外側《そとがわ》はサクッ、中はトロ～リの新たなデザートに変化《へんか》するではありませんか！

子どもたちは、マシュマロのおかわりが欲《ほ》しくて、殺到《さっとう》しました。でもマシュマロは1つしか残《のこ》っておらず、取り合いになってしまいました。

そこに登場したトミナガ兄。年長者らしく穏《おだ》やかに、「じゃあ、お昼寝《ひるね》競争《きょうそう》で決めよう」と言いました。私たちは、先を争《あらそ》って原っぱに体を投げ出し、お昼寝に突入《とつにゅう》しました。午前中の山登りで疲《つか》れていた上に、おなかもいっぱいだったの

で、私たちは本当に一瞬《いっしゅん》で寝付《ねつ》いてしまいました。

さて、それから1時間後。私たちはボチボチ目を覚《さ》ましたのですが、最後《さいご》のマシュマロが消えています。トミナガが「どういうことだ？」とつぶやくと、トミナガ兄は「ああ、みんなが起きてこなかったから、マシュマロ食べといてあげたよ。古くなると食べられなくなっちゃうだろう」と言うではありませんか。

私たちは、トミナガ兄がいかに油断《ゆだん》ならないやつかを思い出し、この結末を誰《だれ》も予想できなかったことを悔《く》やみました。トミナガは「勝手に食べるなら、最初《さいしょ》からそう言ってよ」とぼやきましたが、トミナガ兄は「よく寝たようだし、夕食のために釣《つ》りに行くぞ！」と、どこ吹《ふ》く風です。

ところで、「最初からそう言ってよ」というのは大事な発想です。

犯罪《はんざい》の疑《うたが》いをかけられた人が、「私が犯人《はんにん》です」と認《みと》めることを「自白」と言います。多くの人には「真犯人でなければ、自白なんてしない」との先入観《せんにゅうかん》があるので、自白は有罪《ゆうざい》の証拠《しょうこ》として重視《じゅうし》されがちです。しかし、**歴史《れきし》を振《ふ》り返ると、自白を強要《きょうよう》され、たくさんの人々に無実の罪《つみ》で刑罰《けいばつ》が科されてきました。**そこで、憲法38条1項は、「何人も、自己《じこ》に不利益《ふりえき》な供述《きょうじゅつ》を強要されない」と、自白を強要されない黙秘権《もくひけん》を保障《ほしょう》したのです。

ただ、黙秘権が保障されていることを誰もが知っているわけではありません。そこで、刑事訴訟法《けいじそしょうほう》は、取り調べをするときには、黙秘権があることをあらかじめ教えなくてはならないと定めています。

新競技《しんきょうぎ》
ひるね競争《きょうそう》が
はじまりました
うんどうかい
この競技《きょうぎ》
毎日《まいにち》やって
くれないかな
とつぜんですが
クイズです
捜査官《そうさかん》
被疑者《ひぎしゃ》
この被疑者《ひぎしゃ》は
なにをしている
でしょうか
1, ひるね
2, もくひ

キーワード【黙秘権《もくひけん》の告知《こくち》】刑事訴訟法《けいじそしょうほう》198条2項は「取調に際《さい》しては、被疑者《ひぎしゃ》に対し、あらかじめ、自己《じこ》の意思に反して供述《きょうじゅつ》をする必要《ひつよう》がない旨《むね》を告《つ》げなければならない」として、取り調べの際《さい》には黙秘権があることをあらかじめ伝《つた》えるよう義務《ぎむ》付けています。憲法自身は、黙秘権の告知を受ける権利までは保障していませんが、法律で黙秘権をよりよく実現《じつげん》できるようにしているのです。

お題
「運動会の種目」
といえば、

仮装《かそう》大会をする!

㉔ 国は、個人の手紙やメールを見てはならない

キーワード
通信の秘密

学校の文化祭で、仮装《かそう》大会をすることになりました。私たちの班《はん》は、トミナガ指導《しどう》の下、妖怪《ようかい》にふんします。私は頭に紙皿を載《の》せてカッパに、ヨネダ君は灰色《はいいろ》に塗《ぬ》った段《だん》ボールをかぶってぬりかべに、と順調《じゅんちょう》に準備《じゅんび》を進めていました。

そんな中、手間取っていたのはキタムラさん。「私、百人一首になる」と言うのです。トミナガが、「それ、どんな妖怪なの?」と尋《たず》ねると、キタムラさんは、「一つの首に百人の顔がついているとても怖《こわ》い妖怪なのよ」と言い出すではありませんか。

ツクイさんが、キタムラさんに「百人一首はカルタの一種《いっしゅ》なのよ」と説明《せつめい》しました。どこからか探《さが》し出して、百人一首の現物《げんぶつ》も見せました。当然納得《とうぜんなっとく》するかと

思いきや、キタムラさんは、「百人一首がカルタだなんて、それは、百人一首が自分のことを知られず秘密《ひみつ》にしようとする作戦《さくせん》よ」と言い張《は》ります。
自信満々《じしんまんまん》に語るキタムラさんの話を聞いていると、「百人一首」は恐《おそ》ろしい妖怪のような気がしてきます。結局《けっきょく》、私たちは、みんなで「妖怪百人一首」の仮装をすることになったのでした。

百人一首の正体は秘密のようですが、憲法21条2項後段《こうだん》は「通信の秘密」を保《ほ》障《しょう》しています。通信とは、特定《とくてい》の受信人《じゅしんにん》に対して行う表現行為《ひょうげんこうい》です。新聞は、購《こう》読者《どくしゃ》みんなに届《とど》けるので「通信」ではありませんが、手紙や電話は、「○○さん」に発信《はっしん》するものですから、「通信」にあたります。

通信を発する人は、「受信人以外《いがい》の人に内容《ないよう》を知られない」という前提《ぜんてい》で発信しているはずです。**もし、あなたが友達に書いた手紙が、誰《だれ》かほかの人に勝手にのぞき見されるとしたら、本当に伝《つた》えたいことを伝えられなくなってしまうでしょう。**

そこで、憲法は、「通信の秘密」を保障しました。秘密の対象《たいしょう》には、「通信の内容」だけでなく、「誰が誰に対して連絡《れんらく》したのか」も含《ふく》まれます。

国家権力《けんりょく》は、勝手に手紙の中身をのぞいたり、電話をこっそり盗聴《とうちょう》したりしてはいけません。ただし、重大な犯罪《はんざい》の捜査《そうさ》にどうしても必要《ひつよう》な場合など、ごくごく例外的《れいがいてき》な場合に限《かぎ》り、盗聴が認《みと》められています。この場合にも、不当《ふとう》な盗聴がなされていないか、きちんとチェックすることが大切です。

キーワード【通信《つうしん》の秘密《ひみつ》】通信の秘密は、国家権力《こっかけんりょく》が秘密を暴《あば》かないよう心掛《こころが》けるだけでなく、郵便局員《ゆうびんきょくいん》や電話会社の人たちが秘密を守る努力《どりょく》をしないと実現《じつげん》しません。そこで、郵便法《ゆうびんほう》や電気通信事業法《でんきつうしんじぎょうほう》という法律は、通信事業にかかわる人も通信の秘密を侵《おか》してはならないと定めています。そのおかげで、私たちは郵便や電話を安心して使えるのです。

お題

「運動会の種目」といえば、

日焼け自《じ》慢《まん》コンテストをしちゃおう！

25 あなたにも、いつか選挙に出る権利がある

キーワード

被選挙権

夏休み明け。始業式に集まったクラスメートは、真っ黒に日焼けしています。トミナガは、「今年の夏休みはハワイでリゾートざんまいだった」と言い張《は》っています。もちろん、そんなわけありません。私たちはほとんど毎日、トミナガと公園や市民《しみん》プールで遊んでいたのですから。トミナガは、「どんなとこでも、住めば都。泳げばハワイ」を実践《じっせん》していただけです。

そんな中、アサカワさんだけは、もともとの色白のままでした。夏休み中どうしていたのかと尋《たず》ねると、「夏の星座《せいざ》が好きだから、毎日、夜遅《おそ》くまで観察《かんさつ》していたの。太陽が出ている間は、家の中でお昼寝《ひるね》していたわ。夏休みは思う存分《ぞんぶん》夜《よ》更《ふ》かしできて、最高《さいこう》よね」と言います。これを聞いたトミナガは、「なるほど。僕たちは太陽で日焼けして黒くなったけど、アサカワさんは月光で月焼《つきや》けして白

くなったのか」と得心《とくしん》した様子です。

私は、「月の光を浴《あ》びて色白になるなんて、あるわけないだろう」と突《つ》っ込《こ》みました。しかし、みんなはトミナガに流されて、「夏休みも終わったし、日焼け解消《かいしょう》に、今日から月光浴をしよう」と言い出す始末《しまつ》です。

みんなは月光浴に精《せい》を出し、夜空を観察し続《つづ》けました。確《たし》かに日焼けは少しずつ解消しましたが、それは月光のおかげではなく、日にちがたったおかげです。月光浴の効果《こうか》は、秋の星座にやたらと詳《くわ》しくなったことぐらいでしょう。

さて、「太陽と月」はしばしばワンセットで語られがちですが、憲法の世界でも「選挙権《せんきょけん》と被《ひ》選挙権《せんきょけん》」は表裏一体《ひょうりいったい》だとされます。

選挙権とは議会《ぎかい》の議員《ぎいん》や都道府県知事《ちじ》・市町村長を選挙する権利、被選挙権は選挙に立候補《りっこうほ》して選挙される権利です。国民に選挙権が保障《ほしょう》されても、王様や皇《こう》帝《てい》、その家族しか立候補できない制度《せいど》では、選挙なしに王様や皇帝、貴族《きぞく》たちが政治をするのと変《か》わりません。他方、立候補の自由があっても、国民に選挙権がなければ、そもそも選挙ができません。**立候補したい人が立候補でき、国民が自由な意思で投票《とうひょう》できる。この二つの条件《じょうけん》がそろって初《はじ》めて、選挙が国民のものとなるのです。**

「選挙権がとても大事な権利だ」という話はよくされますが、被選挙権も同じくらいに重要《じゅうよう》な権利だということは見落とされがちです。被選挙権の大切さについても、心にとどめておいてくださいね。

キーワード【被選挙権《ひせんきょけん》】「被選挙権」と「権」がついているので、被選挙権は個人《こじん》の利益《りえき》のために使われるもののように感じるかもしれません。しかし、選挙《せんきょ》への立候補《りっこうほ》は、公共《こうきょう》の福祉《ふくし》を実現《じつげん》するための行為《こうい》です。候補者《こうほしゃ》が1人しかいなかったら、選挙に意味がありません。多様な主張《しゅちょう》をする候補者がいるからこそ、国民は「自分はこの人がいいと思う」と意思を示《しめ》すことができるのです。

お題
「運動会の種目」
といえば、

サンバカーニバル！

26 「あなたのため」なら何でも許されるわけではない

キーワード
パターナリズムと自由

ある日、アサカワさんがひどくおびえて言いました。「図工室に血まみれの幽霊《ゆうれい》が出たの。昨日、塾《じゅく》帰りに学校わきの道を歩いていたら、真っ赤に染《そ》まった図工室で人影《ひとかげ》が動いていたの」

それを聞いたヨネダ君は言いました。「それ僕だよ。骨折《こっせつ》して1週間入院してたじゃん。図工の先生に『作品展《さくひんてん》は全員参加《さんか》』と言われて、居残《いのこ》りで夕日の絵を描いてたんだ。片付《かたづ》けの最中に、うっかり絵の具バケツを蹴飛《けと》ばして、真っ赤な水が飛《と》び散《ち》ってさ。本当に大変《たいへん》だったよ」。しかし、アサカワさんはヨネダ君の話を信《しん》じません。可哀《かわい》そうに、授業中《じゅぎょうちゅう》も恐怖《きょうふ》でソワソワしています。

そこで、トミナガが考えたのが「サンバカーニバル作戦《さくせん》」。アサカワさんの塾帰りを狙《ねら》って、図工室でサンバカーニバルを披露《ひろう》しようというのです。「『恐怖の

部屋』から『楽しい部屋』にイメチェンだね」と、私たちは一致《いっち》団結《だんけつ》。派手《はで》な化粧《けしょう》にキラキラの服、大きな羽根を背負《せお》った姿《すがた》で踊《おど》りまくりました。

計算外だったのは、「狂喜乱舞《きょうきらんぶ》する幽霊」たちは「血まみれの幽霊」よりも怖《こわ》いという事実。アサカワさんは、図工室に近寄《ちかよ》ることすらできなくなってしまいました。アサカワさんのためによかれと思ったことが大失敗《だいしっぱい》です。

さて、憲法学には、「パターナリズムは許《ゆる》されない」という考え方があります。パターナリズムとは、権力者《けんりょくしゃ》が、「本人のために」という理由で、本人の意思にかかわらず、介入《かいにゅう》・干渉《かんしょう》・支援《しえん》することです。

十分な知識《ちしき》や判断力《はんだんりょく》のない子どもについては、「夜7時以降《いこう》は一人で外出禁止《きんし》」などと保護者《ほごしゃ》が決めることも、本人の保護《ほご》と成長《せいちょう》のために合理的な範囲《はんい》で許されます。学校の先生が「居残り」を命令できるのも、パターナリズムの一種と言えるでしょう。しかし、**成人の場合は、その人の考え方や自由を尊重《そんちょう》することが強く求められますから、パターナリズムによる禁止や命令は、ほぼ許されません。**

麻薬《まやく》規制《きせい》は、「本人の健康《けんこう》」を理由としたパターナリズムによる制約《せいやく》に見えるかもしれません。しかし、禁止理由は、麻薬の広がりを防《ふせ》ぎ、社会全体の利益《りえき》を実現《じつげん》することです。

「本人のためによかれと思って」は、成人の自由との関係《かんけい》では、単《たん》なる余計《よけい》なお世話です。

クラス対抗《たいこう》サンバカーニバル合戦《がっせん》
ドンドコドンドコ
この対抗戦《たいこうせん》うちのクラスはなぜか…
わー
わー
血《ち》みどろカーニバルでした
どうしてこうなったか
みなさんの想像《そうぞう》にまかせます

キーワード【パターナリズムと自由】子どもも、自由は最大限《さいだいげん》に尊重《そんちょう》されるべきです。パターナリズムがいくらでも許《ゆる》されるわけではありません。正しいパターナリズムなら、大人たちは「それが必要《ひつよう》な理由」をきちんと説明《せつめい》できるはずです。「あなたのため」という大人の発言がおかしいと思ったら、どんどん理由を聞いてみましょう。

お題

「運動会の種目」

といえば、

そうめんパーティーもいいね！

27 そもそも法律は何のためにあるのか

キーワード

合理的な区別

最近《さいきん》は、そうめん弁当《べんとう》が大人気とのこと。四半世紀《しはんせいき》ほど前、私の母が「そば弁当」を作ったとき（春⑥参照）には、クラスで大変珍《めずら》しがられたものですが、時代は変《か》わるものですね。

ある日、ヨネダ君がそうめん弁当を持ってきました。トミナガに「一口ちょうだい」と言われ、ヨネダ君は快《こころよ》くOKしました。ところが、トミナガが約束《やくそく》通りに一口食べると、ヨネダ君は怒《おこ》り出しました。トミナガの「一口」には、1本だけの超《ちょう》レアな「ピンクそうめん」が入っていたのです。私は、ヨネダ君に同情《どうじょう》しました。

しかし、トミナガは、「ピンクそうめんだって、味は変わらないだろう。ピンクだからといって特別扱《とくべつあつか》いするのは不平等《ふびょうどう》だ。法の下の平等は、そうめんにも適《てき》

用《よう》される」と主張《しゅちょう》します。私は納得《なっとく》しそうになったのですが、ヨネダ君は、「食事は味だけじゃない。彩《いろど》りも大事なんだ。華《はな》やぐ気持ちのない食事は、ただのカロリー摂取《せっしゅ》に堕《だ》する。ピンクのそうめんには特別の価値《かち》がある」と力説《りきせつ》します。トミナガは自分の非《ひ》を認《みと》め、翌日《よくじつ》、自分のお弁当から、ヨネダ君にから揚《あ》げをあげたのでした。華やぐ気持ちは、から揚げに匹敵《ひってき》するのです。

さて、このヨネダ君の主張パターンは、憲法論でもよく出てきます。一見不平等に見える区別《くべつ》を、「合理的《ごうりてき》な根拠《こんきょ》に基《もと》づく区別」として正当化するのです。

法律は、いろいろな区別をします。刑罰《けいばつ》を科すかどうかは、「犯罪《はんざい》をした人」と「犯罪をしていない人」とで区別。選挙権《せんきょけん》を与《あた》えるかどうかは、「成年《せいねん》」かどうかで区別。あらゆる法律は、何らかの意味で区別を設《もう》けていますから、「ありとあらゆる不平等を許《ゆる》さない」ということになれば、法律を作れません。

そこで、**一般的《いっぱんてき》な解釈《かいしゃく》では、法律が何かの区別をしても、それを正当化する合理的な根拠が説明《せつめい》できれば、平等権侵害《しんがい》にならない**とされます。犯罪予防《よぼう》には、「犯罪をした人」だけに刑罰を科すことが合理的です。選挙権は、「十分な判断《はんだん》力《りょく》を持った人」に与えるべきですから、ある程度《ていど》の経験《けいけん》を重ねた「成年」であることを要求《ようきゅう》するのも合理的でしょう。

これに対し、「女性に選挙権を与えない」は、男女で判断力に違《ちが》いはないので、合理的な根拠に基づく区別とは言えず、平等権侵害となります。「そこに合理性はあるのか」と考える癖《くせ》を、ぜひつけてくださいね。

キーワード【合理的《ごうりてき》な区別《くべつ》】区別に合理的な理由があるかどうかは、①区別の目的《もくてき》が正当かどうか、②その区別が目的を達成《たっせい》するために役に立つかどうか、という2つの観点《かんてん》で検討《けんとう》します。そもそも、区別の目的が、差別《さべつ》や偏見《へんけん》である場合は、それだけで平等権侵害《びょうどうけんしんがい》。目的が正しくても、区別がその目的を実現《じつげん》するために役立たない場合も違憲《いけん》、となります。

「第4章　国会」「第5章　内閣」「第6章　司法」をよむ　その2

もうずいぶんと憲法の旅を続《つづ》けてきましたが、嵐《あらし》は、まだまだ収《おさ》まりません。憲法の旅が終わるまでに、嵐はやむのでしょうか。

第一の犠牲者《ぎせいしゃ》!?

トミナガ　外の雨と風は、いつやむんだろうね。
ヨネダ　先生は、1時間でやむって言っていたのにねえ。
キタムラ　きっと、幽霊《ゆうれい》の呪《のろ》いね。あなたのせいでしょう。
アキヤマ　いや、私にそんな力はありません。
トミナガ　でもねえ、ホラー映画《えいが》では、思ってもみなかった存在《そんざい》が、幽霊だったり、邪悪《じゃあく》な力を持っていたりするもんなんだよ。
ヨネダ　となると、やっぱりアキヤマさんが怪《あや》しい。
アキヤマ　私、最初《さいしょ》に出てきたときから「幽霊だ」って言いましたよね。
キャシー　そういうところが怪しいんじゃよ。ホラーと言えば、最初に死ぬのは、一番、バカっぽいキャラクターだと相場は決まっておる。そろそろお主らの誰《だれ》かが、幽霊に酷《ひど》い目にあわされるのではないかの？　ひっひひひ。

トミナガ　そうすると、図書係で一番バカな人を決めないと。バカ裁判が必要《ひつよう》だ。

キャシー　うん、裁判と言えば、憲法第6章じゃ。次のクイズを解《と》いてみよ。

Q

首相は、国会議員《こっかいぎいん》の多数決で選《えら》ばれます。ある日、首相が、国の金庫からお金を盗《ぬす》んで、お寿司《すし》を食べに行きました。これは、横領罪《おうりょうざい》という犯罪《はんざい》になる可能性《かのうせい》があります。このとき、首相が裁判官になって、自分の裁判をやると、どうする可能性が高いでしょうか？

①真剣《しんけん》に裁判をやって、有罪判決《ゆうざいはんけつ》を出す。
②いろいろごまかして、無罪判決《むざいはんけつ》を出す。
③判決にお寿司の感想を書く。
④自分に首相をやらせた国民が悪いのだ、と「国民有罪」の判決を書く。

トミナガ　お寿司を食べたんだから、感想を書かなきゃ。正解は③だ！

ヨネダ　「エビがおいしい」とか「タイにはわさびが合う」とか、書くの？

トミナガ　その通り。

キタムラ　ちょっとちょっと、何言っているのよ。そんなダメな首相を選んだのは、主権者《しゅけんしゃ》たる国民のせいだわ。④よ。

ツクイ　普通《ふつう》に考えると、②でしょ。

アキヤマ　正直、ホラー映画でも、誰が最初の犠牲者《ぎせいしゃ》になるのかわからないメンバーですね。

キャシー　ひひひ。子どもらよ、元気がよくてよろしいぞ。まあ、自分で自分を有罪にするような立派《りっぱ》な人なら、もともと、国の金庫からお金を盗んだりはせんじゃろ。答えは、当然《とうぜん》、②じゃ。

トミナガ　なるほど。立派な人は、お金を盗まないのか！

アキヤマ　首相になるような人がお金盗んでる時点で、リアリティがありませんが。

キタムラ　つまり、一番最初に幽霊に殺されるバカは、この首相ってことね。

ツクイ　ちょっとみんな、どんどん憲法から話が外れて言っているわよ。

キャシー　おお、そうじゃった。この条文《じょうぶん》を見るとよい。

第76条　第3項　すべて裁判官は、その良心《りょうしん》に従《したが》ひ独立《どくりつ》してその職権《しょっけん》を行ひ、この憲法及《およ》び法律にのみ拘束《こうそく》される。

第78条　裁判官は、裁判により、心身の故障《こしょう》のために職務《しょくむ》を執《と》ることができないと決定された場合を除《のぞ》いては、公の弾劾《だんがい》によらなければ罷免《ひめん》されない。裁判官の懲戒処分《ちょうかいしょぶん》は、行政機関《ぎょうせいきかん》がこれを行ふことはできない。

キャシー　裁判のときに、政治家とか、犯罪をした本人とかの圧力《あつりょく》を裁判官が受けると、法律をきちんと適用でききんじゃろ。じゃから、裁判官には「独立」ちうのが必要なんじゃよ。

ヨネダ　憲法78条が、行政機関による懲戒処分を禁止《きんし》しているのも、裁判官の独立を確保《かくほ》するためなんですね。

キャシー　そうじゃ。さらに、判決を書くにあたり、影響《えいきょう》を与《あた》えるのは、政治家や行政機関ばかりではない。自分よりもステータスの高い裁判官から、結論《けつろん》や書き方について命令を受けたり、テレビなんかの報道《ほうどう》にも影響を受けたりしない、ちうのも大事じゃ。

ツクイ　普通の人の感覚《かんかく》を裁判に反映《はんえい》してほしい気もするけれど、確《たし》かに、テレビの報道に影響を受けたのでは、「良心」に従って、「憲法及び法律」のみに拘束されるとは言えなくなってしまうのね。

キャシー　でもって、「司法」の次の第7章は「財政《ざいせい》」の章になっておる。この章には、「国会の定める法律の根拠《こんきょ》なしに税金をとってはならない」ということと、「政府がお金を使うには、国会が承認《しょうにん》した予算の裏付けが必要じゃ」ということが書いてあるのじゃ。

ツクイ　お金のことは大事だから、国民の代表の判断《はんだん》が必要ということですね。

憲法の旅も、そろそろ最終盤《さいしゅうばん》。ツクイさんの勘《かん》が冴《さ》えてきたのが印象的です。

コラム●旅する憲法④につづく。

秋

お題

「大好きな給食メニュー」
「家族のクセ」
「最近一番うれしかったこと」

お題

「大好きな給食メニュー」

といえば、

スイートポテト！

28 公園で友達と遊べるのも、憲法のおかげ？

キーワード

集会の自由

ある秋の日。帰りの会で日直のキタムラさんが、「明日の1～2時間目はスイートポテトなので、体操着《たいそうぎ》を持ってきてください。あと、給食のデザートはスポーツテストです」と言いました。もちろん、スイートポテトとスポーツテストを取り違《ちが》えています。

多くのクラスメートが「スイートポテトが楽しみだ！」と盛《も》り上がる中、トミナガは、「みんな、待ってくれ」と声を張《は》り上げ、演説《えんぜつ》をはじめました。「『スイート』は甘《あま》い。『ポテト』はおいも。つまり、『スイートポテト』は、『甘いおいも』という意味だ」。みんなの「だからなんだ？」という表情《ひょうじょう》にもめげずに、トミナガは続《つづ》けます。「そもそも、サツマイモは甘い。ただ焼《や》いただけで甘い。みんな、焼きいもだって好きだろう？　つまり、サツマイモは常《つね》にスイートなんだ。

スイートポテトにだけスイートをつけるのはおかしいじゃないか！」

　こうして、帰りの会は、「スイートポテトのより適切《てきせつ》な名前を考える会」になってしまいました。みんなが口々にあれやこれやと言って、大盛り上がりです。身近なものの名前を改めて考えると、いろいろな発見があって楽しいですね。

　さて、身近なものから発見される大事な自由権《じゆうけん》として、「集会の自由」があります。子どもは、公園に集まって遊ぶのが好きです（もちろん、一人が好きな子もいますが）。大人も、友人と夕ご飯《はん》を一緒《いっしょ》に食べたり、親しい人を招《まね》いて結婚式《けっこんしき》をしたり、興味《きょうみ》のある講演会《こうえんかい》やコンサートに行ったり、宗教《しゅうきょう》や政治に関《かん》する集まりをしたりと、さまざまな集会をします。人と集まることは、子どもにとっても大人にとっても、とても身近で、大事で、楽しみなことなのです。

　実は、この**「集会をする自由」も、憲法で保障《ほしょう》されています。集会は、人と人とが、意見や情報《じょうほう》、感情《かんじょう》などを表現して交流する場です。**このため、表現の自由を保障する21条1項《こう》の中に「集会の自由」の規定《きてい》が盛り込《こ》まれています。

　皆さんも、友達と公園に集まって遊んだり、友達のピアノ発表会に行ったりしたことがあるでしょう。実は、そうした活動を公権力《こうけんりょく》に邪魔《じゃま》されずに楽しめるのも、「集会の自由」が保障されているからです。

　普段《ふだん》は憲法のことを意識《いしき》することはないでしょうが、憲法は、こうした身近な集会も保護《ほご》しているわけですね。

サツマイモは
英語《えいご》で
スイートポテトって
言《い》うんだって
知《し》らなかったころ
見上《みあ》げた空《そら》と
知《し》ってしまった今《いま》
見上《みあ》げる空《そら》は
きっとちがうだろう
（シトリン）
チガウー
シトリン
利休《りきゅう》

キーワード【集会の自由】憲法21条1項《こう》が保障《ほしょう》する「集会の自由」を実現《じつげん》するには、公園や公民館《こうみんかん》、ホールなど、広い場所が必要《ひつよう》です。「公権力《こうけんりょく》によって介入《かいにゅう》されない」という自由を認《みと》めるだけでは、一般《いっぱん》市民が集会をするのは難《むずか》しいでしょう。そこで、国や自治体《じちたい》は、集会のための場所を積極的《せっきょくてき》に設置《せっち》し、その利用《りよう》を不当《とう》に拒《こば》んではならないとされています。

お題
「大好きな給食メニュー」
といえば、

揚《あ》げパンが一番！

29 間接的《かんせつてき》でも直接的《ちょくせつてき》でも、差別は差別

キーワード
間接差別

学童でサンドイッチがおやつに出たある日、先生が、切り落としたパンの耳を油で揚《あ》げてくれました。サンドイッチ自体は平凡《へいぼん》な味でしたが、揚げパン耳は絶品《ぜっぴん》！　というわけで、学童の「おやつリクエストデー」に、みんなで「サンドイッチ」をリクエストしようということになりました。

しかし、トミナガが、「揚げパン耳のためにサンドイッチをリクエストするのは、おかしい！」と主張《しゅちょう》しました。珍《めずら》しく正論《せいろん》です。これに対して、タナカ君が次のような話をしました。

揚げパン耳の発祥《はっしょう》の地、古代中国では、揚げパン耳を作る際《さい》に真ん中を捨《す》てていた。そんな中、犬猿《けんえん》の仲《なか》で有名な2人の役人が、皇帝《こうてい》に「捨てるのはもったいない」とそろって進言した。それが3回続《つづ》いたとき、皇帝は、「この2人の意見が『三度』も『一致《いっち》』するとはただごとではない」と、パンの真ん中にお肉やフルーツを挟《はさ》んで食べるようにした。その食べ物が『三度一致』として、日本に伝《つた》わった。むしろ、揚げパン耳こそが、サンドイッチの本体なんだ!

今から考えれば大ウソですが、我々は、タナカ君の熱心《ねっしん》な語りに圧倒《あっとう》され、堂々《どうどう》と「揚げパン耳のためにサンドイッチ」をリクエストする気になりました。しかし、我々の会話を聞いていた先生が、「そういうことなら、ぜんぶ揚げパンにしようよ」と言ってくれたのです。揚げパン耳を目的《もくてき》に、あえてサンドイッチを頼《たの》んだり、古代中国の話をでっちあげたりする必要《ひつよう》はなかったわけですね。

さて、世の中には、差別を目的にしているのに、差別と関係《かんけい》ないような見た目を作り出して差別することがあります。例えば、女性《じょせい》を差別している会社経営者《けいえいしゃ》が、女性社員を排除《はいじょ》したり、減《へ》らしたりしたいと思ったとします。このとき、「男性《だんせい》しか採用《さいよう》しません」と宣言《せんげん》すると、女性差別として世間の批判《ひはん》を浴《あ》びることになります。そこで、「身長170cm以上の人」などと、仕事とは関係ないことを、採用や昇進《しょうしん》の条件《じょうけん》にするわけです。

こうした差別は、「男性しか採用しません」という直接的な差別に対し、やり方が間接的《かんせつてき》なので「間接差別」と呼《よ》ばれます。間接差別は、一見、差別とは気づきにくいかもしれません。しかし、**間接差別も差別の一種《いっしゅ》ですから、差別を禁《きん》ずる憲法14条に違反《いはん》します。**

キーワード【間接差別《かんせつさべつ》】労働法《ろうどうほう》では、間接差別を許《ゆる》さない仕組みが発展《はってん》してきました。男女雇用機会均等法《だんじょこようきかいきんとうほう》では、直接《ちょくせつ》の女性《じょせい》差別を禁《きん》じるとともに、「男性及《だんせいおよ》び女性の比率《ひりつ》その他の事情《じじょう》を勘案《かんあん》して、実質《じっしつ》的に性別を理由とする差別となるおそれがある措置《そち》」が禁《きん》じられています。また、労働法以外の分野でも、間接差別を禁止《きんし》しようという声が高まってきています。

お題

「大好きな給食メニュー」

といえば、

新米！

30 刑《けい》罰《ばつ》は、法律で定められているとおりに

キーワード
罪刑法定主義

「その食べ物がどれくらい好きか？」を、「○○があれば、ごはん○杯《はい》食べられる」と表現《ひょうげん》することがあります。○○が好きなら、それだけ食べればよいはずですが、ごはんの量で比較《ひかく》することで、おかずに対する評価《ひょうか》が示《しめ》されるわけです。

トミナガが、「卵焼《たまごや》きがあれば、ごはん10杯は食べられる」と言うのを聞いていたフジタ君は、「どうして、『スパゲティ○杯でも食べられる』とか、『パン○個《こ》でもいける』とは言わないのか」と不思議《ふしぎ》がりました（確かに、卵焼きと一緒《いっしょ》にスパゲティやパンを大量に食べる風景《ふうけい》は、想像《そうぞう》できません。ごはんの奥深《おくぶか》さを感じます）。

この指摘《してき》を受けたトミナガは、「このままではスパゲティとパンが可哀《かわい》そうだ。それぞれ、『好きな音楽』と『お化けの怖《こわ》さ』を表す言葉にしよう」と提案《ていあん》しま

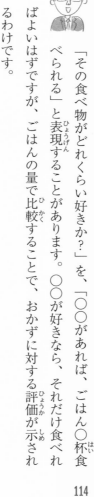

した。こうして、私のクラスでは「ショパンのバラードで、スパゲティ5杯は食べられる」とか「吸血鬼《きゅうけつき》は怖すぎて、パン10個《こ》はいける」といった会話が飛《と》び交《か》うようになり、友達と「音楽がどれくらい好きか」や「お化けの怖さ」を比較できるようになったのです。

ところで、罪《つみ》を犯《おか》した人は、相応《そうおう》の罰《ばつ》を受けるべきです。ただ、「何を犯罪《はんざい》とするか」や「その犯罪にどんな罰を科すべきか」については、人によって考え方が異《こと》なります。もしも、食《く》いしん坊《ぼう》の裁判官が、「食べ物泥棒《どろぼう》は、殺人犯《さつじんはん》よりも重い刑罰《けいばつ》を科します」なんて判決《はんけつ》を出したなら、おかしいと思うでしょう。

そこで、憲法は、「何を犯罪とするか」「それぞれの犯罪にどんな刑罰を科すか」を、事前かつ明確《めいかく》に国会が法律で定めることにしました。これを罪刑法定主《ざいけいほうていしゅ》義《ぎ》といいます。刑法《けいほう》には、「窃盗罪《せっとうざい》には10年以下《いか》の懲役《ちょうえき》」といった具合に、さまざまな犯罪と、それに対して与《あた》えるべき刑罰が、定められています。

また、**それまでは罰《ばっ》せられていなかったことについて、後から「やっぱり罰します」なんてことになっては、国民は安心して行動できません。**「公権力の気に入らないことをしたら、自分を罰する法律が後から作られるのではないか」とおびえて過《す》ごさなければならないからです。

そこで憲法は、法律で定めた犯罪と刑罰の内容《ないよう》を後から変《か》えることを禁止《きんし》しました。これを事後法の禁止といいます。あらかじめ評価の単位《たんい》を決めておくのは、いろいろな価値観《かちかん》の人が共存《きょうぞん》するために大事ですね。

キーワード　**【罪刑法定主義《ざいけいほうていしゅぎ》】**　罪刑法定主義は「法律《ほうりつ》の定める手続《てつづき》によらなければ……刑罰《けいばつ》を科せられない」と定めた憲法31条から導《みちび》かれます。この条文《じょうぶん》は「手続きさえ法律で定めればよい」としているようにも見えます。しかし、罪刑の内容が定まらないと手続きを進めようがありません。そこで、罪刑の内容も法律で定める必要《ひつよう》があると考えられています。

お題

「大好きな給食メニュー」

といえば、

やきいもでしょう！

31 「法律の範《はん》囲《い》内《ない》」とは何か？

キーワード
法律と条例

ある日、トミナガ兄が、「焼きいも大会をやるからバーベキュー場に集まれ」と呼《よ》びかけました。私たちが大喜《おおよろこ》びで駆《か》け付けると、トミナガ兄は、火力を調節したり、アルミホイルで包《つつ》まれた物体をひっくり返したりしています。その慣《な》れた手つきに見とれていると、トミナガ兄は、おもむろに火を消しました。そして、私たち一人一人に銀色の包みを渡《わた》していきました。

きれいな紫色《むらさきいろ》が出てくるものと思って包みを開けると、なんと中身はほくほくのジャガイモではありませんか！　私の驚《おどろ》きをよそに、トミナガ兄は当たり前のようにバターと塩《しお》を渡してきます。ヨネダ君の包みはサトイモ、トミナガの包みはヤマイモでした。

あっけにとられる私たちをよそに、トミナガ兄は、「どうだ、うまそうだろ！」

と自慢《じまん》げです。確《たし》かに、バタージャガイモも、塩をつけたサトイモも、シャキシャキのヤマイモも、それぞれとてもおいしくいただきました。

おなかが膨《ふく》れたところで、ふとトミナガ兄を見ると、彼はアルミホイルでニンジンやオクラまで焼いていたようです。ここまでくると、もはや「焼きいも」とは言えない気がしますが、トミナガ兄は「焼きいも大会で、いも以外《いがい》のものを焼いちゃいけないってルールはないだろ」と言い放ちました。

ところで、憲法94条は、各地方公共団体《かくちほうこうきょうだんたい》は「法律の範囲内《はんいない》で条例《じょうれい》を制定《せいてい》できる」と定めています。条例とは、その地方公共団体内だけで適用《てきよう》される法規範《ほうきはん》です。例えば、それぞれの地域《ちいき》の事情《じじょう》に合わせて、「たばこのポイ捨《す》て禁止《きんし》」とか「山火事を防《ふせ》ぐ活動に補助金《ほじょきん》を出す」といったことを定めるわけです。

では、「法律の範囲内」とはどういう意味でしょうか。昔は、「法律が何かを決めている分野については、条例を作ってはいけない」と解釈《かいしゃく》されていました。例えば、大気汚染防止《たいきおせんぼうし》の法律がすでにあるときは、地方公共団体がより厳《きび》しい規制《きせい》を条例で定めてはならなかったのです。しかし、各《かく》地域にはそれぞれ事情がありますよ。法律と対象《たいしょう》が重複《ちょうふく》するからといって、必《かなら》ずしも条例を違憲《いけん》とする必要《ひつよう》もないでしょう。

そこで、**最高裁は、「法律が明らかにダメと言っていない限《かぎ》りは、条例を作ってよい」との判決《はんけつ》を出しました。**焼きいも大会と同じで、「ダメ」というルールが法律で定められていない限りは、自由に内容《ないよう》を決められるわけですね。

キーワード【法律《ほうりつ》と条例《じょうれい》】ある条例が「法律の範囲内《はんいない》」かどうかは、どうやって判断《はんだん》するのでしょうか。最高裁判所の判例《はんれい》は、単《たん》に決めている事柄《ことがら》が重複《ちょうふく》しているかどうかだけでなく、法律の目的《もくてき》・内容《ないよう》を総合的《そうごうてき》に考えて判断するとしています。地方公共団体《ちほうこうきょうだんたい》の自治権を尊重《そんちょう》するため、地域《ちいき》の事情《じじょう》に応《おう》じた多様な条例を認《みと》めるようにしているのです。

お題

「大好きな給食メニュー」といえば、

中華《ちゅうか》料理！

32 「やってはダメ」には、どれくらい禁止する理由があるか？

キーワード

職業の許可制

中華《ちゅうか》料理といえば回転テーブル。先日、トミナガと中華を食べに行きました。エビチリ、八宝菜《はっぽうさい》、マーボー豆腐《どうふ》など、色とりどりの大皿料理《おおざらりょうり》がクルクル回る姿《すがた》は壮観《そうかん》です。

私は、大好物《だいこうぶつ》のエビチリを取ろうとテーブルを回した際《さい》、勢《いきお》い余《あま》って、コップを倒《たお》してしまいました。トミナガは、手際《てぎわ》よく水をふき取りながら、「回転テーブルの免許《めんきょ》は持っているのか？」と尋《たず》ねます。「持ってない」と私が答えると、彼は、「じゃあ、回転テーブルを動かしちゃだめだ。バイクだって、自動車だって、運転には免許が必要《ひつよう》だろ。俺は、２級免許を持っている」と言います。トミナガによると、ラーメンなどの汁《しる》ものが３つ以上のっている場合は１級免許が必要、炒《いた》め物程度《ものていど》なら何皿のっていても２級で十分とのことでした。

彼の運転は実に見事で、２時間の会食中、何も倒れず、料理はぴったり私の前に運ばれてきました。トミナガの技《わざ》に感服しきった私は、どこで回転テーブル免許をとれるのか、聞きそびれてしまいました。

ところで、憲法22条1項《こう》は「職業選択《しょくぎょうせんたく》の自由」だけでなく、選《えら》んだ職業を遂《すい》行《こう》する「営業《えいぎょう》の自由」を保障《ほしょう》しています。もっとも、「やりたい仕事は何でもできる」というわけにはいきません。夜中に騒音《そうおん》を出すなど、迷惑行為《めいわくこうい》は許《ゆる》されないでしょう。また、公的《こうてき》な許可《きょか》や免許が必要なこともよくあります。例えば、飲食店をやるには、「食品衛生責任者《しょくひんえいせいせきにんしゃ》」の資格者《しかくしゃ》が必要です。弁護士《べんごし》や医師《いし》になるには、国家試験《こっかしけん》にパスしなくてはなりません。人々の法的権利《ほうてきけんり》や健康《けんこう》を守るためには、十分な専門知識《せんもんちしき》が必要だからです。

ただ、許可制《きょかせい》や免許制《めんきょせい》は、「その仕事をしたい」と思う人が、好きな仕事をそもそも選べなくなります。深夜営業《しんやえいぎょう》の禁止《きんし》といった「営業方法の規制《きせい》」に比《くら》べ、許可制・免許制は「職業選択の自由そのもの」を制限《せいげん》する、とても厳《きび》しい規制なのです。

このため、許可制・免許制は原則《げんそく》としてやってはいけないと考えられています。**許可制・免許制を採用《さいよう》する場合には、それを必要とする特別《とくべつ》な理由を説明《せつめい》しなければなりません。**皆さんも「これはやっちゃダメ」と言われたときに、「禁止する理由がどのくらい説得力《せっとくりょく》があるか」を考えてみてください。はたして、テーブル回しに資格は必要でしょうか？

キーワード【職業《しょくぎょう》の許可制《きょかせい》】職業活動《かつどう》の規制《きせい》には、深夜営業《しんやえいぎょう》の禁止《きんし》などの「営業方法の規制」と、免許《めんきょ》制《せい》・許可制などの「職業選択の規制」があります。職業選択の規制を正当化《せいとうか》するには、特別《とくべつ》な理由が必要《ひつよう》です。過去《かこ》には、薬局を開くのに、他の薬局から十分に離《はな》れていることを許可条件《じょうけん》とした法律《ほうりつ》について、最高裁判所が、職業選択の自由の侵害《しんがい》で違憲《いけん》と判断《はんだん》したこともあります。

お題
「家族のクセ」
といえば、

電車で寝《ね》るクセ！

33 「教育の義務《ぎむ》」は、誰の義務？

キーワード
教育を受けさせる義務

電車の中で居眠《いねむ》りをしても、目的地《もくてきち》に到着《とうちゃく》しないだけですが、自動車の運転中に居眠りをしては一大事です。私の学校では、交通安全週間に合わせて、アピール活動をすることになりました。

私とトミナガの班《はん》は、車道沿《しゃどうぞ》いのフェンスに掲《かか》げる横断幕《おうだんまく》に、「ストップ！　交通事故《こうつうじこ》」と書くことになりました。トミナガが、「交通安全は意識《いしき》も大事だ。頭の中で『交通安全』『交通安全』『交通安全』と繰《く》り返しながら字を書こう！」と提案《ていあん》しました。その言葉に納得《なっとく》した私たちは、心を込《こ》めて横断幕を完成《かんせい》させました。

さて、その横断幕をフェンスに貼《は》り出そうとしたときのことです。別の班のフジタ君が「『ストップ！　交通安全』ってなんだよ。交通安全をストップしちゃ

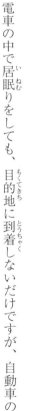

ダメだろう」と突《つ》っ込《こ》みを入れました。我々はそのとき、初めて、「交通事故」と「交通安全」を書き間違《まちが》えたことに気づきました。「安全」の部分に、上から「事故」という字を貼り付けて何とかしましたが、フジタ君が気づかなければ大変なことになっていました。トミナガには、余計《よけい》なことを言うくらいなら、居眠りしておいてほしかったものです。

ところで、よく言い間違われる憲法問題に、「教育の義務《ぎむ》」があります。憲法26条は、「すべて国民は、法律《ほうりつ》の定めるところにより、その能力《のうりょく》に応《おう》じて、ひとしく教育を受ける権利を有する。すべて国民は、法律の定めるところにより、その保護《ほご》する子女に普通教育《ふつうきょういく》を受けさせる義務を負ふ」と定めます。これが、しばしば、「子どもが教育を受ける義務」だと誤解《ごかい》されるのです。

しかし、条文《じょうぶん》をきちんと読めば、この条文が定めているのは、すべての国民に対する、「能力に応じて教育を受ける権利」だとわかるでしょう。この権利は、当然《とうぜん》、子どもにも保障《ほしょう》されます。もっとも、子どもは、大人から適切《てきせつ》な援助《えんじょ》がなければ、何を勉強したらいいのか、どこに行けば勉強できるのかを判断《はんだん》できません。そこで、**親などの保護者《ほごしゃ》に対して、「子どもに普通教育を受けさせる義務」を課《か》しているわけです。**

「教育を受ける義務」と「教育を受けさせる義務」。あまり違《ちが》わないようで、実は、「ストップ交通安全」と「ストップ交通事故」のように、意味はかなり違います。子どもが持つのは「教育を受ける権利」ですよ。

権利《けんり》と義務《ぎむ》こんなにちがう！
しりたいことをおしえてもらえる権利《けんり》のケンケン
おぼえなさいと、おしつけられる義務《ぎむ》のギムギム
たのしい
つまらない

キーワード【教育を受けさせる義務《ぎむ》】憲法は、教育を受けさせるのを「保護《ほご》」者《しゃ》の義務とします。両親の義務としないのは、家庭の事情《じじょう》によっては、両親ではない人や施設《しせつ》が保護者になっていることがあるからです。教育は、子どもの成長《せいちょう》にとって、とても重要《じゅうよう》です。だからこそ、憲法にも「子どもに教育を受けさせる義務」が書かれたのです。

お題

「家族のクセ」

といえば、

うちの家族、いろんなものを割《わ》るクセがあります。

34 曖《あい》昧《まい》な法律は、使えない

キーワード
明確性の要請

小学校で「割《わ》る」と言えば割り算。算数の時間、先生が「20個《こ》のタマゴを4人で分けると、1人いくつでしょう?」と問いかけました。これを聞いたトミナガが怒《おこ》り出します。「タマゴを分けるのは、『割り算』じゃなくて、『分け算』じゃないか」というのが彼の言い分。とんでもない言いがかりです。

しかし、先生は「なるほど」と言って、「タマゴを床《ゆか》に落としたら20個の破片《はへん》に割れ、4つの方向に同じ枚数《まいすう》ずつ飛《と》び散《ち》りました。1つの方向につき、割れた破片は何個でしょう?」という問題に変えました。しかし、トミナガは、「それは20個を4つに『分ける』だけです」と納得《なっとく》しません。

うんざりした私は、「どうすれば、本当の割り算になるんだよ?」と聞いてみました。しばらく考えた彼は、「3個のガラスの花瓶《かびん》が、それぞれ9個ずつに割れました。全部で、破片はいくつでしょう?」という問題を出しました。クラスのみんなは、「これこそが、本当の『割り』算だ!」と大興奮《こうふん》です。

でもちょっと考えてみてください。確《たし》かに、この問題は「3÷1/9（3個の花瓶を、9分の1ずつの破片に分解《ぶんかい》すると何個になるか）」というまどろっこしい割り算の式で解《と》けなくもありません。しかし、普通《ふつう》は「3×9=27」と掛《か》け算《ざん》で解くのではないでしょうか。

トミナガは、「割る」の意味を厳密《げんみつ》に追究しましたが、法律《ほうりつ》でも言葉の厳密さは大事です。法律は、違法《いほう》なものと適法《てきほう》なものを区別《くべつ》します。法律の言葉が曖昧《あいまい》では、違法か適法かの区別がつかず、国民は困《こま》ってしまうでしょう。例えば、道《どう》路《ろ》交通法《こうつうほう》に「赤っぽい信号《しんごう》のようなものが見えたら、止まった方がいいと思う」と書いてあったら、何をすればよいのかわかりません。

この問題が特《とく》に深刻《しんこく》になるのは、「何が犯罪《はんざい》になるか」や「表現行為《ひょうげんこうい》はどこまで許《ゆる》されるか」を定める法律が曖昧な場合です。**権力者《けんりょくしゃ》は、曖昧さに乗じて、自分に都合の良いように法律の意味をねじ曲げるかもしれません。**そんなことになっては、国民は、取《と》り締《し》まりを恐《おそ》れて、やりたいことを自由にできなくなってしまうでしょう。

そこで憲法は、犯罪の定義《ていぎ》や、表現の自由を規制《きせい》する法律は、特に強く明確《めいかく》さを求《もと》めています。不明確な法律で刑事罰《けいじばつ》を科すことは刑事法《けいじほう》の適正《てきせい》を求めた憲法31条違反《いはん》、表現の自由に対する不明確な規制は憲法21条違反です。

お母《かあ》さん
卵《たまご》を片手《かたて》で「わる」
お父《とう》さん
お酒《さけ》を炭酸《たんさん》で「わる」
ウイスキー
『わる』のいろいろ
弟《おとうと》
数字《すうじ》を「わる」勉強中《べんきょうちゅう》
6÷2=
9÷3=
わたし
「わる」の研究中《けんきゅうちゅう》

キーワード【明確性《めいかくせい》の要請《ようせい》】法律の文章は明確でなければならない、と求《もと》めることを明確性の要請と言います。全ての法律は明確でなければなりませんが、犯罪《はんざい》と刑罰《けいばつ》の内容《ないよう》を定める法律と、表現《ひょうげん》の自由を規制《きせい》する法律には、特《とく》に高い明確さが要求《ようきゅう》されます。また、文章の明確さは、特別な知識を持つ人ではなく、一般人《いっぱんじん》の読み方を基準《きじゅん》にします。

お題
「家族のクセ」
といえば、

本を読んでばかり。

35 間《ま》違《ちが》っていても、名誉毀損《めいよきそん》にならないのはどんなとき？

キーワード
確実な資料・根拠

秋の読書週間に、課題図書《かだいとしょ》の中から、好きな本を1冊《さつ》選《えら》んで、感想文を書く宿題が出ました。しかし、トミナガは、「課題図書になった瞬間《しゅんかん》、本はつまらなくなる」という信念《しんねん》の持ち主。「読書をつまらなくした先生に抗議《こうぎ》の意思を示《しめ》すため、全く読まずに感想文を書く。読んでいないのがバレなかったら、オレの勝ちだ」と訳《わけ》のわからないゲームを設定《せってい》しました。

彼は、『草まっくら』という本を選び、「主人公の気持ちを考えると、つらくなりました」とか「まっくらな空間が恐《おそ》ろしかったです」などと書いた感想文を仕上げました。その出来は芸術的《げいじゅつてき》で、私も読んでみたくなりました。

しかし、ヤマダ先生は、タイトルを見ただけで、トミナガの犯行《はんこう》を見抜《みぬ》き、こっぴどく叱《しか》りました。「どうして先生はすぐに気づいたんだろう」と私が不思議《ふしぎ》がっているとと、ツクイさんが言いました。「簡単《かんたん》なことよ。『草まっくら』なんて本は実在《じつざい》しないの。ヤマダ先生が『草枕《くさまくら》』と書こうとして、誤入力《ごにゅうりょく》したにちがいないわ」

さて、この話、トミナガは確《たし》かに悪いです。でも、ヤマダ先生もヤマダ先生で、存在《そんざい》しない本をあるかのように見せるなんて、ずいぶんひどい。少なくとも、トミナガは、『草まっくら』という本があると信《しん》じたことには相当な理由があるといえますね。

以前《いぜん》、「表現《ひょうげん》の自由が保障《ほしょう》されていても、ウソをついて人の名誉《めいよ》を毀《き》損《そん》することは許《ゆる》されない」という話をしました。ただ、「警察の公式発表を聞いた」とか「綿密《めんみつ》な調査《ちょうさ》で、かなりの資料《しりょう》があった」といった事情《じじょう》で、ウソを「本当だ」と信じてしまうこともあるでしょう。大きな新聞社やテレビ局ですら、十分な資料や根拠《こんきょ》があると思って報道《ほうどう》したのに、後から真実ではないとわかった、ということもあります。そのような場合にまで、名誉毀損で罰《ばっ》してしまうと、新聞もテレビも皆さんも、安心して表現できなくなります。

そこで、**最高裁は「真実だと信じることに相当な理由があった場合には、名誉毀損罪で罰してはいけない」という判決《はんけつ》を出しました。**最高裁も、表現の自由を守るため、いろいろ工夫《くふう》しているのです。

キーワード【確実《かくじつ》な資料《しりょう》・根拠《こんきょ》】刑法《けいほう》には、「確実な資料や根拠により真実だと誤解《ごかい》した場合には罰《ばっ》しない」とは書かれておらず、最高裁判所が判例《はんれい》（過去《かこ》の判決《はんけつ》）で、解釈《かいしゃく》として導《みちび》き出したものです。表現《ひょうげん》の自由のためには、法律《ほうりつ》の明文で定めたほうが良いのですが、条文《じょうぶん》を制定《せいてい》するのは時間がかかります。不当《ふとう》な処罰《しょばつ》を防《ふせ》ぐためには、判例で保護《ほご》を広げる工夫《くふう》をするのも大事です。

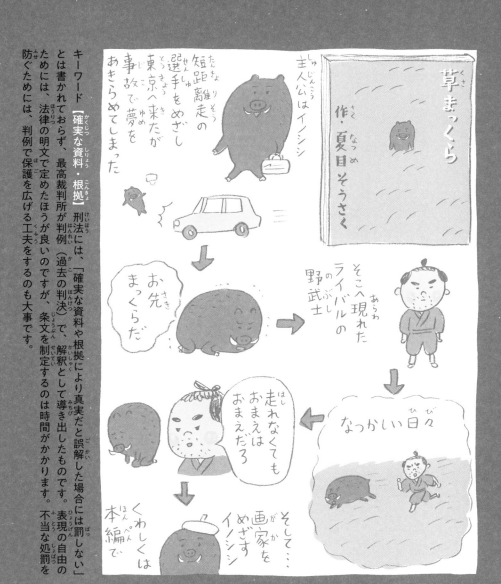

「第8章 地方自治」をよむ

オクラの梅肉和《ばいにくあ》えを食べたい

憲法の旅、統治機構編《とうちきこうへん》は、「地方自治」を残《のこ》すばかりのところまでやってきました。嵐《あらし》の中ですが、図書係は元気満点《げんきまんてん》。キャシーさんもやっぱり元気満点。ツクイさんとアキヤマさんは、少々呆《あき》れ気味《ぎみ》でしょうか。

キャシー　旅もそろそろ終わりじゃ。すでに説明《せつめい》したように、憲法によれば、立法《りっぽう》権《けん》は国会、行政権《ぎょうせいけん》は内閣《ないかく》が担当《たんとう》することになっておる。それ以外《いがい》の組織《そしき》が、立法をしたり、行政をしたりすることは、原則禁止《げんそくきんし》なのじゃ。

ツクイ　原則ということは、例外《れいがい》もあるのですか？

アキヤマ　いろいろありますよ。まず、裁判のルールのうち、細かい部分は、最高裁判所が作る規則《きそく》で定めます。また、国会や裁判所は、それぞれに建物《たてもの》を作ったり、事務員《じむいん》さんを雇《やと》ったりしないといけませんよね。こうした「国会行政《こっかいぎょうせい》」や「司法行政《しほうぎょうせい》」と呼《よ》ばれる事務も、国会や裁判所が自分たちでやっています。

キャシー　そして、とても大事な例外が、地方自治じゃ。憲法第8章は「地方自治」と題する章になっている。そこには、次のような条文《じょうぶん》があるのじゃ。

第8章　地方自治

第92条　地方公共団体《ちほうこうきょうだんたい》の組織《そしき》及《およ》び運営《うんえい》に関《かん》する事項《じこう》は、地方自治の本旨《ほんし》に基《もと》づいて、法律でこれを定める。

第93条　地方公共団体には、法律の定めるところにより、その議事機関《ぎじきかん》として議会《ぎかい》を設置《せっち》する。

地方公共団体の長、その議会の議員《ぎいん》及び法律の定めるその他の吏員《りいん》は、その地方公共団体の住民が、直接これを選挙する。

第94条　地方公共団体は、その財産《ざいさん》を管理《かんり》し、事務《じむ》を処理《しょり》し、及び行政を執《しっ》行《こう》する権能《けんのう》を有し、法律の範囲内《はんいない》で条例《じょうれい》を制定《せいてい》することができる。

トミナガ　憲法が保障《ほしょう》する権利の条文は、「自由」とか「幸福追求《こうふくついきゅう》」とか、心躍《おど》る感じだったのに、こっちは、何かの説明書みたいでつまんないな。

キタムラ　そうそう。讃岐《さぬき》うどんの条文なんて、麺《めん》も踊《おど》るわよね。

アキヤマ　うどんの条文は、キャシー先生が「存在《そんざい》しない例《れい》」として示《しめ》したものですよね……。

ツクイ　ところで、「地方公共団体」って何ですか？

アキヤマ　地方公共団体というのは、都道府県とか、市町村のこと。東京の渋谷《しぶや》区や世田谷区《せたがや》などの特別区《とくべつく》も、地方公共団体の一種《いっしゅ》ですね。そして、それぞれに、条例制定や、行政の権限《けんげん》が与《あた》えられています。

ツクイ　条例って、何ですか？

アキヤマ　その地域《ちいき》の中だけで適用《てきよう》される法規範《ほうきはん》、いわば、「地域版《ちいきばん》の法律」ですね。都道府県や市町村には、地域限定の立法権があります。ただ、この権限は、「法律の範囲内」で行使しなければなりませんから、法律に違反《いはん》するような条例を作ることは許《ゆる》されません。

ツクイ　なぜ、全ての立法や行政を国会や内閣が担当しないのですか？

キャシー　よくぞ、聞いてくれた。その答えを知るには、次のクイズじゃ。

Q

卒業記念《そつぎょうきねん》に、最後《さいご》の給食《きゅうしょく》メニューを、「ハンバーグカレー」と「オクラの梅肉和え」のどちらにするか、6年1組で決めてよいことになりました。どちらの方が、好《す》きなものを食べられる人が多くなるでしょうか？

①クラス全体で多数決。

②班《はん》ごとに多数決をして、班の移動《いどう》を自由にする。

キタムラ　オクラの梅肉和えとは、また渋《しぶ》いメニューね。

ヨネダ　僕は、絶対《ぜったい》ハンバーグカレーだな。

ツクイ　①にすれば、みんなでハンバーグカレーを食べられるよね。

トミナガ　ちょっと待って。クラスの多数派《たすうは》がオクラ好きだったらどうするんだ。多数決の結果《けっか》、オクラの梅肉和えになったら、クラス全体が巻《ま》き添《ぞ》えだよ。

ヨネダ　確《たし》かに。となると、答えは、「オクラ好きをクラスから追い出す！」だな。

アキヤマ　追い出すなんて、ひどいですよ！　オクラが好きなだけなのに。

キタムラ　そうよ。友達同士、殴《なぐ》り合いが大切よ。

ツクイ　友達に大切なのは、「助け合い」ね。そうすると、②にした方が、満足度《まんぞくど》が上がりそうね。ハンバーグカレーが良い人は、ハンバーグカレーの班に移動すればいいし、オクラが好きな人は、オクラの班に移動すればいい。

キャシー　その通りじゃ。だから憲法は、日本をたくさんの班、つまり、都道府県や市町村に分けて、それぞれに、地域のルールや行政のやり方を決めさせることにしたのじゃ。

ツクイ　そういえば、憲法22条は、「居住移転《きょじゅういてん》の自由」を保障しているから、国民は、好きな県や町を選《えら》べるわね。

トミナガ　できることなら、ハンバーグカレーもオクラの梅肉和えも食べたいところだが、2つの県に同時に住むことはできないのかな？

アキヤマ　家をたくさん持つことはもちろんできます。でも、選挙権《せんきょけん》を行使したり、税金《ぜいきん》を納《おさ》めたりする基準《きじゅん》となる「住所」は、1つに決めなければなりません。

こうして、食いしん坊《ぼう》トミナガの「全部食べたい」との野望《やぼう》は、あっけなくくじかれたのでした。

コラム●旅する憲法⑤につづく。

お題

「最近一番うれしかったこと」

といえば、

移動《いどう》教室！

36 国のお金は、誰《だれ》がチェックしているか？

キーワード

財政民主主義

移動《いどう》教室の楽しみといえば、普段《ふだん》はなかなか乗れない電車に乗ること。場合によっては、新幹線《しんかんせん》にも乗れます。

新幹線には、それぞれ名前がついています。東海道《とうかいどう》新幹線の各駅停車《かくえきていしゃ》は、音の速さをイメージした「こだま」。こだまよりも停車駅《ていしゃえき》が少なく速いタイプは、宇《う》宙最速《ちゅうさいそく》を誇《ほこ》る「ひかり」。さらに、新横浜を出ると、静岡全域《しずおかぜんいき》をすっとばして名《な》古屋《ごや》まで止まらない超特急《ちょうとっきゅう》の名は「のぞみ」。

これにトミナガが異議《いぎ》を唱《とな》えました。「のぞみなんて、そう簡単《かんたん》にかなうものではない。最速の新幹線の名がのぞみなんておかしいじゃないか！」

そこで私たちは、よりしっくりくる特急の名前を考えることになりました。ヨネダ君は、「『ひかり』に『最大《さいだい》』という意味のＭａｘをつけたら？」と提案《ていあん》しま

した。そういえば、現在の上越《じょうえつ》新幹線にも、「とき」を2階建《かいだ》てＭａｘ号で運用する「Ｍａｘとき」があります。

しかし、光はもともと最高スピードですから、「Ｍａｘひかり」は「１番の１等賞《とうしょう》」とか「最高の１００点満点《てんまんてん》」みたいな感じで、どうもしっくりきません。東海道新幹線は「ひかり」の名前を無駄遣《むだづか》いせず、もう少し大事にとっておいた方がよかったのではないでしょうか。

ところで、国の財産《ざいさん》は莫大《ばくだい》ですが、無限《むげん》ではありません。国のお金が足りないときは、税金《ぜいきん》をとったり、「国債《こくさい》」という特別《とくべつ》な借金《しゃっきん》をしたりします。ただ、税金も国債も、結局は国民の負担《ふたん》になります。**国の財産が無駄遣いされては国民が困《こま》りますから、その使い道は、国民の代表が監視《かんし》すべきでしょう。**

そこで、憲法は第7章を「財政《ざいせい》」として、国家の収入《しゅうにゅう》と支出《ししゅつ》についてのルールを定めました。具体的《ぐたいてき》には、租税《そぜい》をとるには法律に基《もと》づくこと（84条）、国の財政支出は国会の議決《ぎけつ》した予算に基づくこと（86条）、内閣《ないかく》は国会に財政状況《ざいせいじょうきょう》を報告《ほうこく》すべきこと（90条）などを定めました。

こうしたルールにより、国の財政は、国民の代表の議決に基づいて運営《うんえい》されることになり、法律の制定《せいてい》だけでなく、財政活動の分野でも民主主義《みんしゅしゅぎ》が実現《じつげん》することになったのです。これを「財政民主主義」と言います。

毎年、1月から始まる通常国会《つうじょうこっかい》で国の予算が審議《しんぎ》されます。テレビや新聞でも大きく報道《ほうどう》されますから、皆さんも、マックス注目してください。

キーワード【財政民主主義《ざいせいみんしゅしゅぎ》】憲法83条は、「国の財政を処理《しょり》するには、国会の議決《ぎけつ》が必要」と定め、財政民主主義の根拠条文《こんきょじょうぶん》となっています。さらに、どんな場合に、どんな議決が必要なのかを第7章の他の条文で示《しめ》しています。

お題

「最近一番うれしかったこと」

といえば、

芸能人《げいのうじん》に会えたこと！

37 内閣総理大臣《ないかくそうりだいじん》は、とても大事な役割

キーワード
大日本帝国憲法と内閣

芸能人《げいのうじん》に出会うと、何だかうれしい気分になりますよね。逆《ぎゃく》に、幽霊《ゆうれい》に出会うと、怖《こわ》い気分になります。

そういえば、学校で、「あの廊下《ろうか》には幽霊が出る」とうわさがたったことがあります。トミナガは普段《ふだん》は温厚《おんこう》ですが、怖い話をすると「やめろ！」と怒鳴《どな》り、やめないと暴力《ぼうりょく》に訴《うった》えようとするほど、怖い話が嫌《きら》いでした。幽霊廊下のうわさを聞けば、トミナガは、また怒《おこ》り出すでしょう。クラスで最《もっと》も背《せ》の高いトミナガが暴《あば》れると厄介《やっかい》です。

そこで、ヨネダ君は、「その幽霊は木村拓哉《きむらたくや》さん似《に》のカッコいい幽霊ってことにしよう。うれしい気分になるよね」と提案《ていあん》しました。それを聞いたキタムラさんは、「どうせなら、タモリさんが教室からふらっと出てきた、ってうわさの方

がいいわ」と言い出し、フジタ君は「いや、ここはやっぱり、イチローが素振《すぶ》りしてた、でしょ」と好き勝手《かって》です。

結局、ツクイさんの「トミナガ君は、Queenのボーカリスト、フレディの大ファンだから、フレディみたいな幽霊が『Radio Ga Ga』っぽい曲を歌っていた、にしましょう」との案《あん》が採用《さいよう》され、その廊下は「フレディの廊下」と呼《よ》ばれるようになりました。幽霊一つとっても、配役は大事です。

さて、配役が大事と言えば首相、内閣総理大臣《ないかくそうりだいじん》です。**内閣のトップが決まっていなければ、行政も外交活動もできません。**

実は、大日本帝国憲法《だいにほんていこくけんぽう》には、首相の選《えら》び方が書かれておらず、天皇《てんのう》の名の下に、その時々の有力な政治家たちが首相を決めていました。ただ、憲法にきちんとルールが書かれていなかったので、しばしば混乱《こんらん》が起きました。軍《ぐん》の影響力《えいきょうりょく》が増《ま》すと、首相選びにまで軍が深く関《かか》わるようになりました。

そこで、日本国憲法は、67条に「内閣総理大臣は、国会議員《こっかいぎいん》の中から国会の議《ぎ》決《けつ》で、これを指名する」と定め、首相選びを国会の重要《じゅうよう》な仕事と位置付けました。さらに、内閣がないと政府を運営《うんえい》できないので、「この指名は、他のすべての案《あん》件《けん》に先だつて、これを行ふ」と定め、どんなに大事な法律案や条約承認案《じょうやくしょうにんあん》があっても、まず、首相を選んでからという姿勢《しせい》を示《しめ》しました。

首相は日本の顔です。どんな人に首相になってもらいたいか、皆さんも具体的にイメージしてみてくださいね。

キーワード【大日本帝国憲法《だいにほんていこくけんぽう》と内閣《ないかく》】 大日本帝国憲法には、「内閣総理《ないかくそうり》大臣《だいじん》」や「内閣」についての規定《きてい》がなく、国務《こくむ》大臣についての規定があるだけでした。政府の在り方のルールをきちんと定めなかったことは、軍部《ぐんぶ》が暴走《ぼうそう》する重大な原因《げんいん》だったとされています。首相選《えら》びのルールを明確《めいかく》にしたのは、日本国憲法の最《もっと》も重要《じゅうよう》な改善点《かいぜんてん》の一つです。

お題

「最近一番うれしかったこと」

といえば、

かけっこで1番をとったこと!!

38 「ルパン三世のせいで泥棒《どろぼう》になった」は有効《ゆうこう》か？

キーワード

関連性

かけっこ1番といえば、クラスのヒロイン、ヒーロー。私とトミナガも、1番になりたいと思いました。しかし、どうすればよいかわからない。そこで、1番になった人が、前日に何をやっていたかを調査《ちょうさ》することにしました。

調査の結果、アカダ君は「前の日の夜、『ドラゴンボール』のアニメを見た」、カワダさんは「間違《まちが》えて、目的地《もくてきち》と逆《ぎゃく》方向の電車に乗った」、ヒライ君は「毎日小学生新聞を読んだ」、キタムラさんは「インフルエンザの予《よ》防接種《ぼうせっしゅ》を打った」と、それぞれに違《ちが》うことをしていたことがわかりました。

トミナガは「よしっ！　次の運動会の前日は、これを全部やるぞ！」と言いました。そうして迎《むか》えた運動会の前日、私たちは、親を説得《せっとく》して注射《ちゅうしゃ》の予《よ》約《やく》をとり、病院に行く途中《とちゅう》で電車に乗り間違え、病院の待合室では毎日小学生新聞を熟読《じゅくどく》し、

寝《ね》る前に『ドラゴンボール』を見ました。

しかし、結果は惨敗《ざんぱい》。普通《ふつう》なら、「アニメや注射はかけっことは関係《かんけい》ない」と気づくべきでしょう。しかし、トミナガは、1位《い》になったアカダ君が「昨日は、『ドラえもん』を見た」と言っているのを聞いて、「『ドラえもん』を見てくればよかったー！」と悔《くや》しがっています。

このように、ある手段《しゅだん》（アニメや注射）が、ある目的（かけっこ1番）を達成するために役に立っていないことを「目的との関連性《かんれんせい》が欠《か》ける」と言います。

憲法上の自由権《じゆうけん》を規制《きせい》するには、少なくとも、①正しい目的があり、②規制と目的との間に関連性があること、が必要《ひつよう》とされています。これが欠けた規制は、憲法違反《いはん》で無効《むこう》です。

例えば、ある窃盗犯《せっとうはん》がアニメ『ルパン三世』のファンだったからといって、「窃盗防止《ぼうし》のために、『ルパン三世』を見てはいけない」という法律を作ったとしましょう。この法律は、①窃盗防止という目的は正当と言えるかもしれませんが、②窃盗を防《ふせ》ぐ目的との関連性に欠けます。ルパンを見ても、普通は窃盗をしませんから、「窃盗の原因《げんいん》はアニメだ」と認定《にんてい》するのは乱暴《らんぼう》すぎます。したがって、こうした法律は、表現《ひょうげん》の自由や、表現を見たり読んだりする自由の侵害《しんがい》として、憲法21条1項違反《いはん》で、無効となります。

何かをするときには、「本当にそれは、目的のために役に立つのだろうか」と問うことを忘《わす》れないようにしましょうね。

キーワード【関連性《かんれんせい》】　憲法上の自由を規制《きせい》する場合、まず、規制する目的《もくてき》が、自由の制限《せいげん》を正当化できるくらいに大切なものである必要《ひつよう》があります。また、目的が正しかったり、重要《じゅうよう》であったりしても、目的達成に役立たない規制は無意味《むいみ》です。そこで、自由の規制には、目的と規制との関連性が必要とされます。

お題

「最近一番うれしかったこと」

といえば、

インコが家族に仲間入りしたこと!

39 結婚すると夫婦で名字をそろえるのはなぜか?

キーワード
夫婦別姓訴訟

インコ、かわいいですね。私の友達が飼《か》っていたインコも、クラスの人気者でした。みんながインコを囲《かこ》んでちやほやしていたある日、ヨネダ君が言いました。「アホウドリはアホって言われているのに、インコだけかわいい名前なのはズルいよ」。

これに対しトミナガが、「そんなの、アホっぽい顔してるのが悪いんだよ。緑のカメがミドリガメと呼《よ》ばれるのと同じだ」と反論《はんろん》。キタムラさんは「次号予告《じごうよこく》ね」と、うなずきます。

ツクイさんは、「自業自得《じごうじとく》のことね」と軽く突《つ》っ込《こ》みながら、「アホウドリを見たことあるの?」と聞きました。私たちはぐうの音も出ず、「姿《すがた》も見ないでアホと決めつけるのはよくない」と、図書室に行きました。

実際《じっさい》に鳥図鑑《とりずかん》を見てみると、アホウドリはカッコいいではありませんか。英語《えいご》名《めい》はアルバトロス。名前までクールです。私たちは、「日本人はアホウドリに失礼《しつれい》だった」という結論《けつろん》に達《たっ》しました。

ところで、名前といえば、現在《げんざい》の法律では、婚姻届《こんいんとどけ》を出すときに、夫婦《ふうふ》で名字をそろえなくてはなりません。

しかし、名字が変《か》わると、仕事関係者《しごとかんけいしゃ》に結婚《けっこん》したことを説明《せつめい》しなければいけない、旧姓《きゅうせい》のときに出した実績《じっせき》が自分のものであると気づいてもらいにくい、パスポートや銀行口座《ぎんこうこうざ》などの名前を書き換《か》えねばならない、といった困《こま》りごとが生じます。そこで、戸籍名《こせきめい》とは違《ちが》う名前（通称《つうしょう》）を仕事で使ったり、法律上《ほうりつじょう》の婚姻ではなく事実婚《じじつこん》の状態《じょうたい》にしたりしている人もいます。

ただ、事実婚は事実婚で、家族関係《かぞくかんけい》の説明に不便《ふべん》だったり、税金《ぜいきん》などで不利《ふり》な扱《あつか》いを受けたりします。そこで、「夫婦で別《べつ》の名字を名乗れる夫婦別姓《ふうふべっせい》を認《みと》めるべきだ」という訴訟《そしょう》が起きています。

過去《かこ》には、「女性《じょせい》ばかりが名字を変えるのは、女性差別だ」という理由で訴《うった》えましたが、最高裁は、「法律上は夫が変えてもよく、女性差別ではない」と判断しました。

そこで、新たに、**「名字変更《みょうじへんこう》を受け入れるカップルは法律上の婚姻ができるのに、受け入れないカップルは法律上の婚姻ができないのは、不平等《ふびょうどう》だ」という理由で、訴訟が起こされています。**

キーワード【夫婦別姓訴訟《ふうふべっせいそしょう》】法律《ほうりつ》上の結婚《けっこん》（法律婚）をしなくても、事実婚といって、一緒《いっしょ》に住んだり、子どもを育てたりすることはできます。ただ、事実婚には、相続の場面で夫婦に与《あた》えられる保護《ほご》を受けられなかったり、子どもの代理権を1人しか持てなかったりという不都合があります。そこで、いま、別姓《べっせい》での法律婚を求める訴訟が起きているのです。

お題

「最近一番うれしかったこと」

といえば、

エレクトーンの発表会！（エレキングより）

40

衆議院《しゅうぎいん》の必殺技《ひっさつわざ》といえば？

キーワード
内閣不信任決議と会期

エレクトーン（電子オルガン）が得意《とくい》なエレキングさん。このネーミングセンスはタダモノではない！

エレキングと言えば、『ウルトラセブン』の有名怪獣《かいじゅう》。ウルトラヒーローたちには、スペシウム光線やアイスラッガーなど、それぞれ必殺技《ひっさつわざ》があります。しかし、それが出てくるのは終了間際《しゅうりょうまぎわ》だけ。「変身《へんしん》↓すぐに必殺技↓ドカーン」という展開《てんかい》にはなりません。最初から必殺技で決着をつければ、疲《つか》れないし、街《まち》も壊《こわ》れないし、良いことずくめのはずなのに、なぜ、最後《さいご》に放つのでしょうか。よく言われるのは、「必殺技は強力だが、限《かぎ》られた数しか放てない。確実《かくじつ》に効《き》くように、相手を弱らせてから放つのだ」という説明です。

これにならって、トミナガは、「お年玉は子どもたちの必殺技！」という名言を残《のこ》しました。確《たし》かにお年玉は、普段《ふだん》のお小遣《こづか》いより強力ですが、一年に1回しか使えません。お年玉が必殺技だとすれば、使うときには、技の名前を叫《さけ》ばなければなりません。こうして私の町では、お年玉で買い物をするとき、「トミナガストライク！」「ヨネダアタック！」「キタムラシュトラール（シュトラールはドイツ語でビーム）！」などと叫ぶようになったのでした。

ところで、衆議院《しゅうぎいん》の必殺技と言えば、憲法69条が定める内閣不信任決議案《ないかくふしんにんけつぎあん》です。内閣不信任決議案は、「首相が賄賂《わいろ》をもらった」とか「内閣が不適切《ふてきせつ》な外交関係《がいこうかんけい》を結ぼうとしている」といった事情《じじょう》があって、衆議院が、「こんな内閣では、もはや支持《しじ》できない」と判断《はんだん》したときに出されます。

不信任を突き付けられた内閣は、①衆議院を解散《かいさん》して、「内閣を支持する勢力《せいりょく》」と「内閣を支持しない勢力」のどちらが良いかを国民に選挙《せんきょ》で選《えら》んでもらうか、②内閣が総辞職《そうじしょく》するか、の決断《けつだん》を迫《せま》られます。

憲法は、不信任決議の回数を制限《せいげん》していません。ただ、内閣不信任決議案が提《てい》出《しゅつ》されると、衆議院は、これを優先的《ゆうせんてき》かつ丁寧《ていねい》に審議《しんぎ》しなくてはなりません。もしも何度も出されたなら、衆議院がマヒしてしまうでしょう。

そこで、国会の慣行《かんこう》で、「衆議院による内閣不信任決議案の提出は、国会の一会期に1回まで」となっています。不信任案を出す側は、慎重《しんちょう》にタイミングを考えて、一番効果的《こうかてき》にこの制度を使おうとします。

内閣不信任決議案は、まさに衆議院の必殺技なわけですね。

キーワード【内閣不信任決議《ないかくふしんにんけつぎ》と会期】日本の国会は、一年中開いているわけではありません。国会が召集《しょうしゅう》されてから活動を開始し、一定期間の活動を経《へ》て閉会《へいかい》します。召集から閉会までの期日を「会期」と言います。内閣不信任案《ないかくふしんにんあん》は、一度否決《ひけつ》されると、次の会期までは提出《ていしゅつ》できません。

冬

お題

「今年はやるもの」
「自分の中にいる鬼」
「4月に始めること」

お題

「今年はやるもの」

といえば、

情熱《じょうねつ》的なダンス！

41 議《ぎ》題《だい》を出すときは、丁寧《ていねい》に準備《じゅんび》を重ねてから

キーワード
内閣の議案提出権

昔、体育の授業《じゅぎょう》で、「創作《そうさく》ダンス」の課題《かだい》が出ました。「太陽」や「嵐《あらし》」といったテーマを決め、それをダンスで表現《ひょうげん》するのです。「太陽」なら、手を開いて大きく動く、「嵐」なら、大勢《おおぜい》でどーっと走れば表現できそうです。

みんなが「それでいいや」と納得《なっとく》しかけたところに、例《れい》によってトミナガが、「こんな簡単《かんたん》に表現できるようでは、つまらない」と言い出しました。それに乗せられた私たちは、「いかに表現するのが難《むずか》しいテーマを設定するか」合戦《がっせん》を始めました。

フジタ君は「座禅《ざぜん》」（動かないからダンスにならない）、ヨネダ君は「透明人間《とうめいにんげん》」（見えないものをどう表現しろというのか？）、キタムラさんは「マヨネーズ」（コメント不能《ふのう》）と、次々にとんでもないテーマが設定《せってい》され、私たちは、その表現方法を悩《なや》

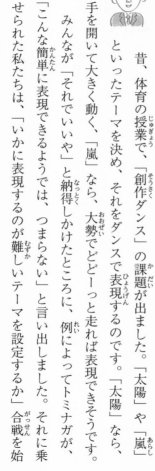

みに悩みました。もはや、体育の授業というより、「どれだけ身体で表現するのが難しい言葉を探せるか」という国語の授業のようです。

授業の終わりに先生が感想を聞くと、トミナガが「ダンスで何かを表現するって、とても大変《たいへん》だとわかりました」と、無駄《むだ》にかっこよく締《し》めたのでした。

この授業では、子どもたちが次々と無理難題《むりなんだい》を設定しましたが、国会にも、議論《ぎろん》すべき課題があります。これは、「議案《ぎあん》」という形で提出《ていしゅつ》されます。国会は、法律を作る機関《きかん》なので、議案の多くは「法案《ほうあん》」です。法案以外にも、「内閣不信任決議案《ないかくふしんにんけつぎあん》」や「大臣の問責決議案《もんせきけつぎあん》」、行政や外交についての「議決案《ぎけつあん》」など、いろいろな種類があります。

ただ、国会が審議《しんぎ》に使える時間は限られていますから、誰《だれ》もが自由に議案を提出できたのでは困《こま》ります。**「国会が議論するにふさわしい議案」を絞《しぼ》り込《こ》む必要《ひつよう》があるでしょう。**そこで、憲法72条は、「内閣総理大臣《ないかくそうりだいじん》は、内閣を代表して議案を国会に提出」すると定めました。国会で審議すべき議案をまとめる作業は、内閣の業務《ぎょうむ》として位置付けられているわけです。国会議員にも議案提出権《ぎあんていしゅつけん》はありますが、際限《さいげん》ない議案の提出を防《ふせ》ぐため、国会法《こっかいほう》などによって、議案提出に一定数の国会議員の賛成《さんせい》を求《もと》めています。

法律案をまとめる作業も内閣の大切な仕事とされていることから、成立《せいりつ》する法律の多くは、内閣が提出した法案に基《もと》づくものです。

キーワード【内閣《ないかく》の議案提出権《ぎあんていしゅつけん》】内閣には、国会に法案を提出《ていしゅつ》する権限《けんげん》があります。国会に提出する議案や法案は、国の財政《ざいせい》とのバランスや、すでにある法律《ほうりつ》との関係《かんけい》を考えて作らなくてはなりません。内閣は、財《ざい》務省《むしょう》や経済産業省《けいざいさんぎょうしょう》、国土交通省、文部科学省などの「行政各部」を指揮監督《しきかんとく》する権限《けんげん》があり、そうした省庁《ちょう》と調整をしながら、法案を作ります。

お題

「今年はやるもの」

といえば、

いたずらがはやるよ。

42 裁判《さいばん》で無罪《むざい》と決まったら、どのように償《つぐな》われるか？

キーワード

刑事補償

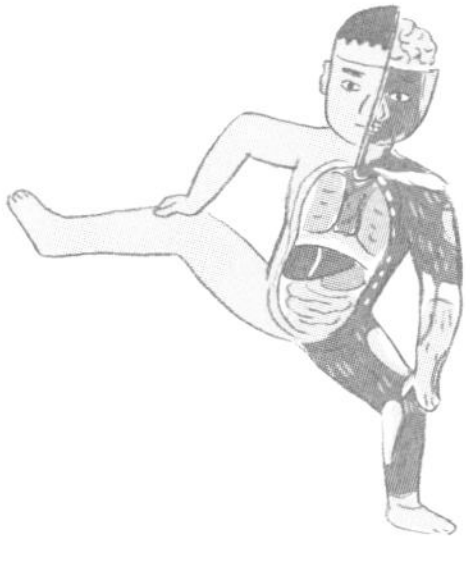

冬の給食の定番デザートといえば、ミカン。ある日の給食のこと。先生に配られたミカンに、「怪《あや》しい顔」が書いてありました。そして、ミカンが入っていた箱の底《そこ》には「怪盗《かいとう》アルセーヌ・ミカン」とサインの入ったカードが。

その日から、妙《みょう》ないたずらが続《つづ》きました。理科室の人体模型《じんたいもけい》が「横綱土俵入《よこづなどひょうい》り」のポーズをさせられたり、3階の窓《まど》の外側《そとがわ》に校長先生の顔写真が貼《は》り付けられていたり（部屋から見ると、校長先生が空に浮《う》かんでいるように見える）。カレーの日には、いつの間にか、キタムラさんのスプーンがお箸《はし》にすり替《か》えられていました（ちなみに彼女は、自然な様子でカレーを半分食べ終えたところで、ようやく、「今日はカレーが食べにくい！」と言い出しました）。

現場《げんば》には、必《かなら》ず「アルセーヌ・ミカン」のカードが残されていました。

私たちは、犯人捜《はんにんさが》しを始めました。キタムラさんは、「怪盗ミカンの正体は、カレーの日に隣《となり》に座《すわ》っていたヨネダ君よ！　おとなしくお餅《もち》をつきなさい！」と言いました。みんなが「なるほど！」と納得《なっとく》しかけたところに、ツクイさんが「お餅じゃなくて、お縄《なわ》につきなさいでしょ」と冷静《れいせい》に突《つ》っ込《こ》みつつ、「犯人はヨネダ君じゃなくて、トミナガ君よ」と言いました。

なぜ、ヨネダ君への疑《うたが》いが晴れたのか、推理《すいり》の過程《かてい》がとても気になるところですが、それは次に回しましょう。

ごくまれですが、真犯人でない人が疑われ、裁判にかけられることもあります。裁判で詳《くわ》しく調べた結果《けっか》、無実《むじつ》が証明《しょうめい》され、刑罰《けいばつ》は科されなかったとしても、裁判にかけられたことそれ自体が、自由に対する大きな侵害《しんがい》です。心理《しんり》的にも大変《たいへん》なプレッシャーでしょう。無実の罪《つみ》で疑われた人が、「このつらさを国家に償《つぐな》ってほしい」と思うのも当然です。

しかし、「犯人ではないか」と強く疑われる人を裁判で調べること自体は、違《い》法《ほう》とまでは言えません。このため、国家の違法行為《こうい》によって発生した損害《そんがい》を賠《ばい》償《しょう》する「国家賠償」の請求《せいきゅう》はできません。

そこで、憲法40条は「何人《なんぴと》も、抑留又《よくりゅうまた》は拘禁《こうきん》された後、無罪《むざい》の裁判を受けたときは、法律の定めるところにより、国にその補償《ほしょう》を求めることができる」と定めました。これを「刑事補償《けいじほしょう》」と言います。**無罪判決《はんけつ》を受けた人は、補償金を受け取ることができます。**

キーワード【刑事補償《けいじほしょう》】違法行為《いほうこうい》による損害《そんがい》を償《つぐな》うことを「賠償《ばいしょう》」、適法行為《てきほうこうい》による特別な犠牲《ぎせい》者を助けることを「補償」と言います。同じ無実の罪《つみ》への償いでも、そもそも不当な逮捕《たいほ》・起訴《きそ》だった場合は憲法17条で定める「賠償」、逮捕・起訴それ自体は適法だった場合には「刑事補償」となります。

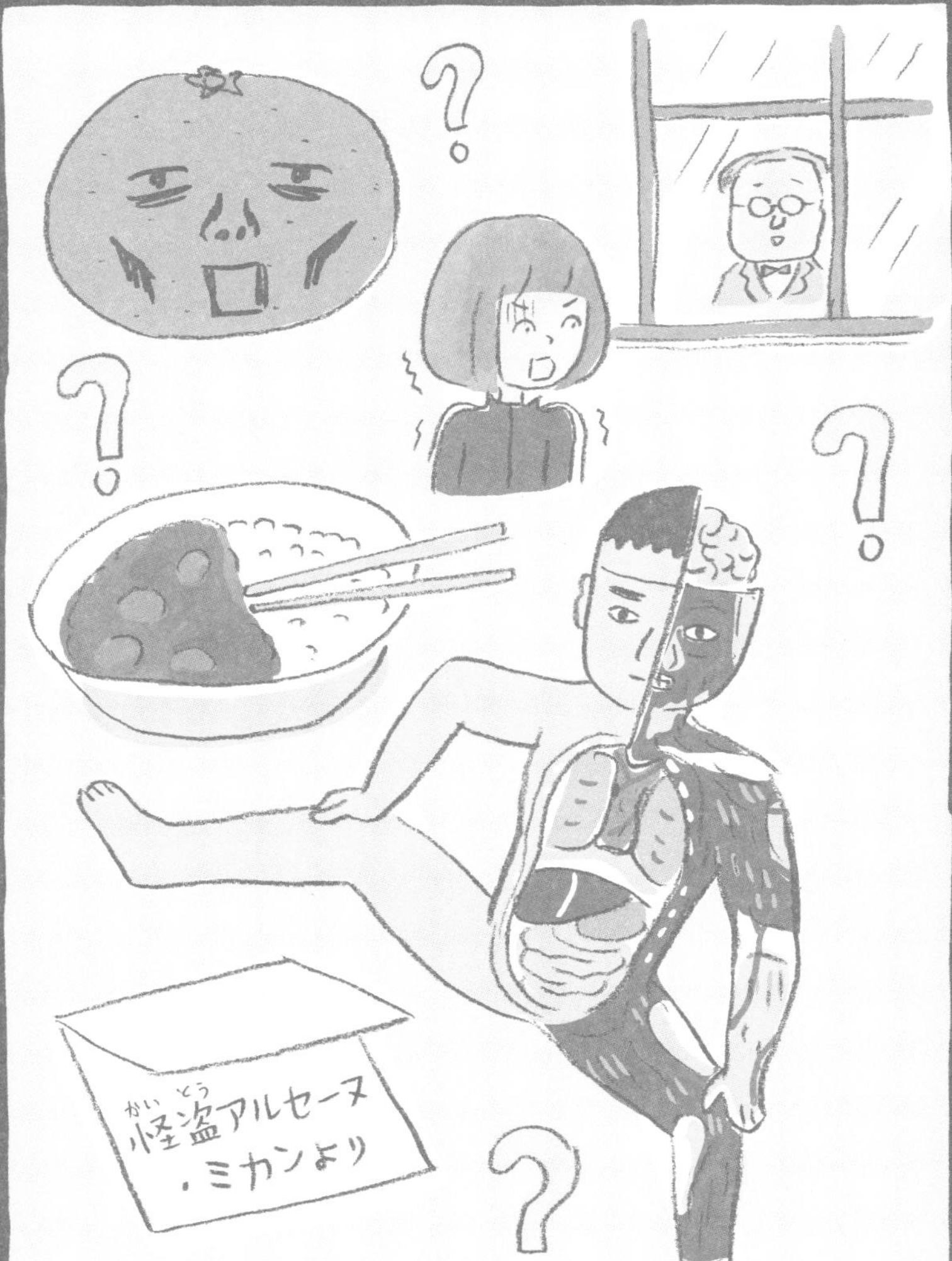

お題

「今年はやるもの」

といえば、

まだまだタワーマンション！

43 勝手な捜査《そうさ》は許《ゆる》されない

キーワード
捜索・差し押さえ令状

マンション購入《こうにゅう》は一世一代の買い物ですから、売る側も一生懸命《いっしょうけんめい》です。「〇〇駅徒歩《とほ》5分」「全室床暖房《ゆかだんぼう》」といった、アクセスや建物機能《きのう》のアピールはもちろん、「日本古来の伝統《でんとう》とフランス革命《かくめい》の交錯《こうさく》する街《まち》」（どんな街だ?）、「心の静けさ、豊《ゆた》かな空気。これが、本当の東京」（偽物《にせもの》の東京もあるのか?）など、その街の魅力《みりょく》を伝《つた》える詩にも余念《よねん》がありません。

前回、ミカンに顔が描《えが》かれたり、カレーのスプーンがお箸《はし》にすり替《か》えられたりと、怪盗《かいとう》アルセーヌ・ミカンのいたずらに悩《なや》まされていたことをお伝えしました。キタムラさんがヨネダ君を疑《うたが》ったところ、ツクイさんは、「真犯人《しんはんにん》はトミナガだ！」と推理《すいり》しました。さて、彼女は、どうやって推理したのでしょう?

ポイントは、怪盗ミカンのカード。カードには毎回、「ミカンが笑《わら》う。一期《いちご》一《いち》

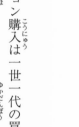

会《え》」とか「お箸でカレーという未知の海へ」といった詩がついていたのです。「怪盗ミカン」が「怪盗ルパン」のまねなら、シルクハットや片眼鏡《かためがね》をシンボルとして描き込《こ》んでいたはず。なんで詩なんかつけたのでしょうか。

　ツクイさんによると、怪盗ミカン登場の1週間ほど前、トミナガが「アルセーヌ・ルパンの特徴《とくちょう》って何？」と聞いてきました。怪《あや》しいと思ったツクイさんは、「犯行現場《はんこうげんば》に、マンション販売《はんばい》に付けられるような詩を残すのが特徴ね」と答えました。ルブラン作のルパン小説を読んだことのないトミナガは、すっかりこれを信《しん》じ込《こ》み、「カードに詩をつける」という不自然極《ふしぜんきわ》まりないことをしたというのです。

　トミナガは、この推理を突《つ》き付けられ、犯行を認《みと》めました。

　怪盗ミカン事件は解決《かいけつ》しましたが、実際《じっさい》の犯罪《はんざい》の立証《りっしょう》は、推理だけでは終わりません。犯行の様子を示《しめ》す証拠《しょうこ》を集めたり、現場を見て確認《かくにん》したりといった捜査《そうさ》が欠《か》かせません。警察官《けいさつかん》は、証拠を集めるため、住居《じゅうきょ》やカバンの中を捜索《そうさく》したり、見つけた証拠を裁判に提出《ていしゅつ》するために差《さ》し押《お》さえたりします。

　もっとも、いいかげんな理由で、住居や所持品の検査《けんさ》をされたのでは、国民は安心して生活できません。自分の大切にしている物を取っていかれても困《こま》るでしょう。そこで、**憲法35条は、強制的《きょうせいてき》に「捜索」や「差し押さえ」をするには、逮《たい》捕《ほ》と同じように、裁判官の出す令状《れいじょう》が必要《ひつよう》だとしました。**警察や検察《けんさつ》が不必要《ふひつよう》な捜査をしないように、公平な裁判所がチェックするわけですね。

キーワード【捜索《そうさく》・差《さ》し押《お》さえ令状《れいじょう》】憲法35条は「侵入《しんにゅう》、捜索及《およ》び押収《おうしゅう》を受けることのない権利は……正当な理由」に基《もと》づく「捜索する場所及び押収する物を明示《めいじ》する令状《れいじょう》がなければ、侵《おか》されない」と定めます。ただし、現行犯逮捕《げんこうはんたいほ》のときには、令状がなくても、持っているものを検査《けんさ》したり、犯行現場《はんこうげんば》にあった証拠《しょうこ》を集めたりできるとされています。

お題

「今年はやるもの」

といえば、

おなら。

44 憲法は公務員《こうむいん》の暴走《ぼうそう》を防《ふせ》ぐ

キーワード
憲法尊重擁護義務

頭に「お」を付ければ丁寧語《ていねいご》になるかは、日本語の難《むずか》しいところです。

例えば「おはよう」は自然《しぜん》ですが、「おこんばんは」は祖父母世代《そふぼせだい》のギャグになってしまいます。

ある日、トミナガが「『おなら』の『お』は、『なら』の丁寧語なのか、もともと『おなら』で一つの言葉なのか？」とつぶやきました。ヨネダ君は、「きたないものに丁寧言葉の『お』を付けるなんておかしいから、『おなら』で一つの言葉だ」と主張《しゅちょう》しましたが、フジタ君は、「トイレを『お』手洗《てあら》いって言うし、おならも丁寧にしたってよいはずだ」と反論《はんろん》し、みんなの支持《しじ》を集めました。

そこに、タイラさんが「じゃあ、『なら』って一体何なの？」と深刻《しんこく》な疑問《ぎもん》を投げかけました。私たちは、「なら」が、音を鳴らすことを意味する「鳴らし」

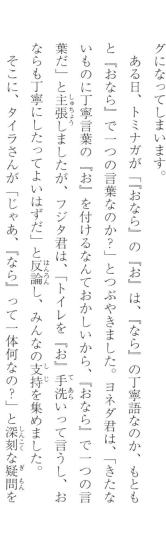

の略《りゃく》だとわかるまで、頭の中が「おなら」でいっぱいになっていました。どうせ頭をいっぱいにするなら、「大いなる希望《きぼう》」とか「輝《かがや》く大地」のように、書《か》き初《ぞ》めの題材《だいざい》になるさわやかな言葉でいっぱいにしたいものです。

ところで、ものの名前といえば、ドイツ語の名詞《めいし》には、男性《だんせい》・女性・中性と性別があります。例えば、ズボン（Hose）は女性名詞、スカート（Rock）は男性名詞、水（Wasser）は中性名詞です。名詞の性別に明確《めいかく》な法則《ほうそく》はなく、外国人が勉強するときには、とてもやっかいです。

法律用語にも性別があります。権利（Recht）や裁判所（Gericht）は中性名詞。性別にかかわらず、公平という感じで、これは納得《なっとく》です。他方、義務《ぎむ》（Pflicht）が女性名詞なのは、あまり納得できません。

義務といえば、日本国憲法99条は「天皇《てんのう》又《また》は摂政《せっしょう》及《およ》び国務《こくむ》大臣《だいじん》、国会議員、裁判官その他の公務員は、この憲法を尊重《そんちょう》し擁護《ようご》する義務を負ふ」と定めます。**公《こう》権力《けんりょく》を担《にな》う公務員《こうむいん》に憲法尊重擁護義務《けんぽうそんちょうようごぎむ》を課すことで、権力の暴走《ぼうそう》を防《ふせ》いでいるのです。**公務員が憲法をないがしろにしたときは、この義務のことを思い出しましょう。

キーワード【憲法尊重《そんちょう》擁護《ようご》義務《ぎむ》】一般《いっぱん》の国民は公権力《こうけんりょく》を行使することはありませんから、憲法99条の定める「公務《こうむ》員《いん》」には含《ふく》まれません。したがって、憲法尊重擁護義務を負っていません。ただ、国民が有権者《ゆうけんしゃ》として選挙で投票するときには、憲法をないがしろにする議《ぎ》員《いん》を選《えら》ばないよう、心掛《こころが》けるべきでしょう。

おならガス入浴剤《にゅうよくざい》
ブビ ブビ
ポテトチップス
おなら味《あじ》
2019
ことしの漢字《かんじ》
屁
へ
プ～
おならネコ
おなら香水《こうすい》
流行語大賞《りゅうこうごたいしょう》
2019
にぎりっぺ
おなら動画《どうが》をアップするヘーチューバー

エピローグ

憲法の旅も大詰《おおづ》めです。残《のこ》るは、「第9章　改正《かいせい》」「第10章　最高法規《さいこうほうき》」「第11章　補則《ほそく》」の3つ。第11章の条文《じょうぶん》は、大日本帝国憲法《だいにほんていこくけんぽう》から日本国憲法に変わるにあたって必要《ひつよう》なルールを定めたものなので、現在《げんざい》、適用《てきよう》されることはありません。

キャシー　子どもらよ、よく頑張《がんば》ってきたのお。残る条文はわずか。まずは、次の条文を見よ。

第10章　最高法規

第98条　この憲法は、国の最高法規であつて、その条規《じょうき》に反する法律、命令《めいれい》、詔《しょう》勅《ちょく》及《およ》び国務《こくむ》に関《かん》するその他の行為《こうい》の全部又《また》は一部は、その効力《こうりょく》を有しない。

日本国が締結《ていけつ》した条約《じょうやく》及び確立《かくりつ》された国際法規《こくさいほうき》は、これを誠実《せいじつ》に遵《じゅん》守《しゅ》することを必要とする。

第99条　天皇又は摂政《せっしょう》及び国務《こくむ》大臣《だいじん》、国会議員、裁判官その他の公務員《こうむいん》は、この憲法を尊重《そんちょう》し擁護《ようご》する義務《ぎむ》を負ふ。

ヨネダ　憲法が「最高法規」だって書いてあるね。

トミナガ　これって、憲法が自分で「最高だ」って書いてるんだよね。

キタムラ　おまけに、「公務員は私を尊重しろ」とも言っているわ。ここだけ読むと、ゴーギャン・ルソーだわ。

ツクイ　それを言うなら傲慢不遜《ごうまんふそん》ね。ゴーギャンとルソーは、画家よ。

キャシー　ひっひっひ。ここだけ見ると、「わしゃ最高じゃー」と言っているヤバいやつじゃが、憲法は、ちゃんと、なぜ最高なのかを説明しておる。条文を見よ。

第97条　この憲法が日本国民に保障《ほしょう》する基本的人権《きほんてきじんけん》は、人類《じんるい》の多年にわたる自由獲得《かくとく》の努力《どりょく》の成果《せいか》であつて、これらの権利は、過去幾多《かこいくた》の試錬《しれん》に堪《た》へ、現在及び将来《しょうらい》の国民に対し、侵《おか》すことのできない永久《えいきゅう》の権利として信託《しんたく》されたものである。

トミナガ　第3章の権利規定《きてい》のところにも、同じようなことが書いてあったよね。

キャシー　その通り。憲法の条文を作るときも、97条は、第3章の内容と重複するから、削除《さくじょ》しようという意見もあったそうじゃ。し・か・し、この条文がないと、なぜ憲法が「最高法規」で、公務員が「憲法尊重擁護義務」を負うのかがわかりにくくなってしまう。

トミナガ　「自称最高《じしょう》！」のヤバいやつと思われないように、念押《ねんお》ししたってことか。

キャシー　では、ここで最後のクイズじゃ。

Q

憲法は、戦争放棄《ほうき》、基本的人権の保障、三権分立《さんけんぶんりつ》や地方自治《ちほうじち》を定めています。これがある限《かぎ》り、総理大臣《そうりだいじん》も国会議員も、好き放題はできません。では、戦争や人権侵害《じんけんしんがい》をしたい権力者《けんりょくしゃ》は、何をしようとするでしょうか？

①憲法を自分の都合の良いように変える。
②とりあえず、お昼寝《ひるね》する。
③反省《はんせい》して、心を入れ替《か》える。

ヨネダ　たくさん旅して疲《つか》れてきたから、少しお昼寝したいなあ。②じゃないかな。

トミナガ　何言っているんだよ。憲法を変えちゃうように決まってるじゃないか。憲法がなければ、拷問《ごうもん》だって、独裁《どくさい》だってできるんだぞ。権力を握《にぎ》ったら、まず最初《さいしょ》に、憲法を自分好みに変えてしまおうう！

キャシー　ほっほほ。おぬしも悪よのう。

トミナガ　お代官《だいかん》さまにはかないません。

ツクイ　そんなことが簡単《かんたん》にできたら、憲法の意味がないわ！

トミナガ　よし、憲法を変えるのを禁止《きんし》しよう。

ツクイ　でも、憲法改正《けんぽうかいせい》を禁止してしまったら、それはそれで困《こま》るんじゃないかしら。憲法を作った後に、新しい権利が見つかることもあるだろうし、三権分立や地方自治をより強くする仕組みを思いつくこともあるでしょう。

キャシー　うむ。権力者の恐《おそ》ろしさと、憲法というものが良くわかってきたようじゃの。そこで、これを見てほしい。

第9章　改正

第96条　この憲法の改正は、各議院の総議員の3分の2以上《いじょう》の賛成《さんせい》で、国会が、これを発議し、国民に提案してその承認《しょうにん》を経《へ》なければならない。この承認には、特別《とくべつ》の国民投票《こくみんとうひょう》又は国会の定める選挙《せんきょ》の際《さい》行はれる投票《とうひょう》において、その過半数《かはんすう》の賛成を必要とする。

憲法改正について前項《ぜんこう》の承認を経たときは、天皇は、国民の名で、この憲法と一体を成《な》すものとして、直ちにこれを公布《こうふ》する。

アキヤマ　トミナガ君が言っていたように、権力者は、憲法の拘束《こうそく》を緩《ゆる》めようという動機《どうき》を持っています。ですから、憲法は、国会議員や大臣《だいじん》たちでも簡単には変えられないようにしてあるんですよ。

キャシー　一方で、憲法を改正しなきゃいかんときもあるじゃろう。そこで、憲法第96条は、衆議院《しゅうぎいん》と参議院《さんぎいん》で、それぞれ総議員の3分の2以上が賛成し、国民投票でOKもらわないと、改正できないと定めたのじゃ。
キタムラ　見るからに面倒《めんどう》な手続《てつづ》きねえ。
ツクイ　でも、それくらいしておかないと、人権や三権分立は守れないってことなんでしょ。
キャシー　その通りじゃ。権力を持った人間は、どうしても、「もっと権力が欲《ほ》しい」「人を支配したい」と思って、憲法が邪魔《じゃま》になる。じゃから、安全装置《あんぜんそうち》が必要なんじゃ。第97条に書いているように、人権ちうのは人類長年の努力の成果で、未来の国民にもしっかり手渡《てわた》してゆくべきもの。憲法を読むときは、常《つね》に、このことを忘れないでほしいものじゃな。

図書係一行が、最高法規の意味をかみしめたところで、嵐《あらし》はようやくおさまり、青空も見えてきた。アキヤマさんの姿《すがた》は、陽の光を浴《あ》びて、少しずつ薄《うす》くなってきている。それをツクイさんが指摘《してき》すると、「幽霊《ゆうれい》だからね」と笑《わら》った。本当に幽霊だったようだ。

キャシーさんも姿が薄くなっていった。キャシーさんは本の中で死んではおらず、幽霊ではないはずなのだが、「わしは、本の中に住む想像力《そうぞうりょく》の存在《そんざい》じゃ。子どもが本を閉《と》じれば、わしの出番は終わり」と静《しず》かに言った。

トミナガが「また会えますか？」と聞くと、キャシーさんは「本を開けばいつでも会える。それが本の中に住む想像力の存在の良いところじゃ。きっと、また、会えることじゃろう」。

この言葉を最後に、2人の姿はすっかり見えなくなった。図書室には、担任《たんにん》のヤマダ先生が入ってきて、「雨も風もおさまったから、そろそろ帰れるよ」と教えてくれたのであった。

（おわり）

▼「日本国憲法」前文〜第3章は、『ほとんど憲法　上』コラムをご覧ください。

お題

「自分の中にいる鬼《おに》」

といえば、

いじわる鬼！

45 子どもに理不尽《りふじん》な強制《きょうせい》をする校則《こうそく》は、憲法違反《いはん》

キーワード

校則

最近《さいきん》は、オシャレで坊主《ぼうず》にする人もいますが、昔は「男子は丸坊主、女子はおかっぱ」を校則《こうそく》にする学校もあったそうです。この話を聞いた私たちのクラスで「なぜ、そんな校則が定められたのか？」と話題になりました。ヨネダ君は「学生らしい髪形《かみがた》だと考えられていたからだろう」と言います。しかし、タナカ君は自信満々《じしんまんまん》に「鬼退治《おにたいじ》のためだ」と言い出しました。さすがのトミナガも、「はあ？」という顔をしています。

そんな空気をものともせず、タナカ君は次のように語りました。

大正時代、日本の学校に、いじわる鬼が現《あらわ》れた。この鬼は、頭に鋭《するど》い角があり、髪は長髪《ちょうはつ》。手には、恐《おそ》ろしい爪《つめ》が生えている。いじわる鬼は、自分の長い髪がたいそう美しいと思っていた。放課後《ほうかご》に現れては、子どもたちを呪《のろ》ったり、爪で切

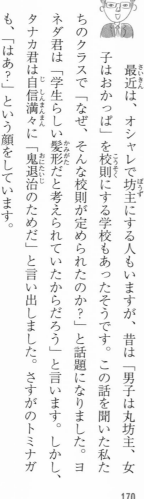

り裂《さ》いたりするいじわる鬼。困《こま》った学校は、「坊主でない男子は学校に入ってはいけない」という校則を作った。いじわる鬼は、泣《な》く泣く髪を短くしたが、それでも頭に角があり校則違反《こうそくいはん》だと言われた。校則のおかげで、いじわる鬼は、学校に来なくなったという。

少し考えれば、おかしな話だと気づくでしょう。そもそも、鬼が校則に拘束《こうそく》される理由がわかりません。不合理《ふごうり》な出来事に強引に理由を付けようとすると、理由も一緒に不合理になる、という現象《げんしょう》の一例《いちれい》です。しかしトミナガはいたく感動し、「生徒《せいと》を守るための校則だったなんて、素晴《すば》らしい」と言い出す始末《しまつ》。やれやれ、困ったものです。

ところで、校則と憲法は、どのような関係《かんけい》に立つのでしょうか。

学校には、教育に必要なルール（授業中《じゅぎょうちゅう》はおしゃべり禁止」など）や、施設《しせつ》管理のルール（「駐輪場《ちゅうりんじょう》がないので、校内への自転車乗り入れ禁止」など）を定める権限《けんげん》があります。もっとも、学校といえども、「子どもたちを煮《に》て食おうと焼《や》いて食おうと自由」というわけではありません。**教育や施設管理と無関係なことを子どもたちに強制《きょうせい》する校則は、憲法が保障《ほしょう》する自由の侵害《しんがい》ですから、法的に無意味《むいみ》なものと評価《ひょうか》されます。**

皆さんも「学校のルールが何か変《へん》だぞ?」と思ったら、不合理な理由をこじつける前に、「それは教育や施設管理に必要か?」と考えてみてください。

キーワード【校則《こうそく》】実は、「児童《じどう》・生徒《せいと》は校則に従《したが》わなくてはならない」と定めた法律はありません。ただ、学校の先生には、教育活動の妨害《ぼうがい》や喫煙《きつえん》など、法令違反《ほうれいいはん》となる非行《ひこう》をした児童・生徒に対して、退学《たいがく》や停学《ていがく》の処分《しょぶん》を出す権限《けんげん》があります。校則は、そうした処分の判断基準《はんだんきじゅん》となっています。

お題

「自分の中にいる鬼《おに》」

といえば、

かぜぎみ鬼！

46 憲法を不自然に解釈《かいしゃく》してはダメ

キーワード
立法者意思

国語の時間にヤマダ先生は、「自分の意見に引っ張《ぱ》られずに、作者が何を考えていたのかを考えてみましょう」と言いました。例えば、自分が風《か》邪《ぜ》気味《ぎみ》だからと言って、「鶴《つる》の恩返《おんがえ》し」について、「鶴が機織《はたお》りに来たのは、風邪をひいていて、家の中で温まりたかったから」と読むのは、作品の理解《りかい》として不自然でしょう。「自分の意見」と「作者の狙《ねら》い」を区別するのはとても大切です。

ある日、私たちは授業で「泣いた赤鬼《あかおに》」を読みました。赤鬼は、人間と友達になりたいのに、人間に怖《こわ》がられている。そこで友達の青鬼は、わざと人間に乱暴《らんぼう》し、赤鬼に人間を助けさせた。赤鬼は人間と友達になれたが、いじわる鬼だと思われた青鬼は旅に出てしまった。そんなお話です。

私たちは、この物語について、「青鬼は、赤鬼が人間と友達になれるように悪

者のふりをした」と理解しました。しかし、トミナガは、「そんなありきたりな読み方は、自分の意見の押《お》し付けだ。青鬼は、本当は優《やさ》しいのにいじわる鬼のふりをした。つまり、『うそつき』じゃないか。そんなやつは、追放されて当然。それが作者の意図」と主張《しゅちょう》しました。

「自分の意見と違《ちが》う読み方をしなくちゃ！」と思っていたみんなも、それに引きずられて「青鬼はうそつきの悪いやつ！」と怒《おこ》り出しました。こうして授業はむちゃくちゃになってしまいました。

そういえば、**憲法や法律《ほうりつ》の解釈《かいしゃく》も、自分の意見を無理《むり》やり条文《じょうぶん》に読みこんではいけません**。例えば、「エビフライの取り合いがけんかのもとだから、給食はなくすべきだ」と思ったとしても、「戦争放棄《せんそうほうき》を定めた憲法9条は、給食を禁止《きんし》した条文だ」と読むのは、正しい法解釈とは言えません。法を解釈するときには、「その法を作った立法者《りっぽうしゃ》がどんな目的《もくてき》で作ったのか」に十分な注意を払《はら》わねばなりません。

日本国憲法の解釈では、憲法の悪口を言うために、「憲法9条は、政府が外国の侵略《しんりゃく》から国民《こくみん》を守ることを禁《きん》じている」などと、あえて不自然な解釈をする人がいます。あるいは、同性愛者《どうせいあいしゃ》への差別意識《さべついしき》から、「憲法24条は、同性愛者の婚《こん》姻《いん》を禁止している」と主張する人もいます。しかし、条文作成の流れを見る限《かぎ》り、それが立法者の意思だと考えるのは難《むずか》しく、適切《てきせつ》な解釈ではありません。

キーワード【立法者意思《りっぽうしゃいし》】「法律を作ったときに立法者は何をしようとしていたのか」のことを立法者意思と言います。立法者意思は、「その条文を書いた起草者や国会議員《こっかいぎいん》が、どんな問題を解決《かいけつ》しようとしたのか」を考えて決めていきます。法を理解《りかい》するには、それができた歴史や経緯《けいい》も調べる必要があります。

お題

「自分の中にいる鬼《おに》」

といえば、

こわがり鬼！

47 平和は、世界中の協力《きょうりょく》があってのもの

キーワード

平和的生存権

有名な怖《こわ》い怨霊《おんりょう》には、低《ひく》い地位《ちい》に落とされたことにキレて雷《かみなり》を落としまくった菅原道真《すがわらのみちざね》、せっかく天皇になったのに島流しになり、人々を呪《のろ》い殺《ころ》した崇徳天皇《すとくてんのう》、新しい天皇（新皇《しんのう》）を名乗って関東《かんとう》を荒《あ》らしまわったあげく、方々で祟《たた》りを起こした平将門《たいらのまさかど》などがいます。本当に迷惑《めいわく》な人（霊《れい》）ばかりです。

あるドッジボール大会の日、カミムラさんは、トミナガにボールを当てられました。ドッジボールなのですから、トミナガに非《ひ》はないのですが、逆恨《さかうら》みしたカミムラさんは、「菅原《すがわら》ビルには、怨霊が出る」といううわさを流しました。菅原ビルというのは、トミナガが通う塾《じゅく》のある建物《たてもの》です。うわさによれば、エレベーターで4階のボタンを押《お》すと、10人に1人くらいの割合《わりあい》で、怨霊により「しの階」に連《つ》れて行かれるというのです。ひええ、怖い。トミナガは、エレベーター

を使えなくなりました。

さらに後日、「4階のドアが開くとき、思いっきりヘンな顔をすると怨霊が逃《に》げていく」といううわさが流れました。トミナガは、わらにもすがる思いで、エレベーターでは、思いっきりヘンな顔をするようになりました。気の毒なトミナガは、塾のみんなに笑《わら》われるようになりました。

さて、調べてみると、このうわさの出どころもカミムラさん。トミナガを怖がらせた上に、ヘン顔で笑いものにしたのです。なんと怖い人でしょう。

ところで、日本国憲法の前文には、「全世界の国民が、ひとしく恐怖《きょうふ》と欠乏《けつぼう》から免《まぬ》かれ、平和のうちに生存《せいぞん》する権利を有することを確認《かくにん》する」とあります。戦争の恐怖にさらされない権利が宣言《せんげん》されているのです。この権利は、平和的生存《へいわてきせいぞん》権《けん》と呼《よ》ばれています。

戦争が起きれば、生命の危険《きけん》におびえて生活しなくてはなりません。戦争を遂《すい》行《こう》するために、表現《ひょうげん》の自由が大幅《おおはば》に規制《きせい》されることもあるでしょう。自由な職《しょく》業選択《ぎょうせんたく》すらできないかもしれません。平和的生存権は、あらゆる権利のおおもとになる権利です。平和な地域《ちいき》で暮《く》らしていると、平和を当たり前に思うかもしれませんが、世界を見渡《みわた》せばそうではありません。

平和は、国と国との関係《かんけい》で出来上がってゆくものです。平和は日本だけで実現《じつげん》できるものではなく、世界中の国との協力《きょうりょく》が必要《ひつよう》です。だから、**平和的生存権は、日本国民だけでなく、「全世界の国民」の権利だとされている**わけですね。

キーワード【平和的生存権《へいわてきせいぞんけん》】平和的生存権に、具体的《ぐたいてき》にどのような法的効果《ほうてきこうか》があるのかには、議論《ぎろん》があります。憲法前文で宣言《せんげん》されているだけで、強い法的効果はない、という説明《せつめい》もあります。しかし、有力な憲法《けんぽう》学説《がくせつ》は、国民は、国が平和的生存権を奪《うば》うような侵略戦争《しんりゃくせんそう》を始めたとき、それをやめるよう要求《ようきゅう》する権利を持つとします。

お題

「自分の中にいる鬼《おに》」といえば、

反抗鬼《はんこうき》(期)。

48 最高裁《さいこうさい》の判決《はんけつ》は、国会も首相も覆《くつがえ》せない

キーワード
最高裁判所

6年生になって、新1年生のお世話係をすることになりました。小学1年生には、生意気な子もいます。中でもカンタ君は、6年生が年下の子を強く怒《おこ》れないのをいいことに、「おい、6年！　ひらがな書いてみろ。おれは、『あいうえお』から『さしすせそ』まで、何も見ないで書けるんだぞ」と6年生から見ればしょうもないことを自慢《じまん》してきます。他にも、トイレに連《つ》れて行けだの、給食のプリンをよこせだの、やりたい放題です。

ほとほと困《こま》った私たちは、トミナガの兄に相談しました。トミナガ兄は、「よし、わかった」と言うと、放課後、なぜか私たちとカンタ君を区役所に連れて行きました。そして、おもむろに、「これを見なさい」と言います。そこにあったのは、ただの区役所の建物《たてもの》の模型《もけい》でした。

「これがどうしたの？」とカンタ君。トミナガ兄は「いいか、この人をよく見ろ」と模型の隣《となり》の人形を指さします。100分の1スケールなので、人形は2㎝もありません。そして、「こんなちっぽけな人間になりたくないだろう」と言い出したのです。

確《たし》かに、「器《うつわ》の小さい人間」は嫌《いや》ですが、模型の人形が小さいのは、単に縮小《しゅくしょう》しているだけで、「人間の器」の大きさとは関係《かんけい》ありません。私は「はあ？」と思ったのですが、みんなは感動しています。カンタ君まで「僕は大きな人間になる！」と言うではありませんか。トミナガ兄の勢《いきお》いは恐《おそ》ろしいものです。この日以来《いらい》、カンタ君は、反抗期《はんこうき》をやめたのでした。

ところで、役所の建物などの公共建築《こうきょうけんちく》には名作も多く、模型を見ているだけでもすてきです。優《すぐ》れた建築をつくるためには、建築家たちが「こんな建物にしてはどうだろう」と設計案《せっけいあん》を発表しあって、一番優れたものを選《えら》んで建《た》てる「設計《せっけい》コンペ」が実施《じっし》されることもあります。例えば、最高裁判所は、大規模《だいきぼ》な設計コンペを経《へ》てつくられました。

この「最高裁判所」は、憲法81条で違憲立法審査権《いけんりっぽうしんさけん》を有する「終審裁判所《しゅうしんさいばんしょ》」だとされています。終審とは、司法《しほう》としての最終判断《さいしゅうはんだん》という意味です。**最高裁判所の判決《はんけつ》は、最高裁自身が見直す場合はともかく、他の裁判所や国会・首相などには、覆《くつがえ》せません。**他の人が誤《あやま》りを正せないということは、最高裁には、とても重たい責任《せきにん》があるということです。

キーワード【最高裁判所】法律上の権利や義務《ぎむ》があるか、犯罪《はんざい》があったのか、といった法的争いを裁《さば》くのが「司法《しほう》」です。司法は、最高裁判所（最高裁）を終審《しゅうしん》としますが、全ての事件《じけん》を最高裁が直接《ちょくせつ》裁くのは大変です。そこで、まずは地方裁判所・家庭裁判所などが判断《はんだん》し、当事者に不満《ふまん》が残《のこ》るときは、高等裁判所、最高裁へと上訴《じょうそ》する仕組みになっています。

お題

「4月に始めること」

といえば、

ネコのようなぬくぬく生活。

49 お互いの意見の違《ちが》いを見《み》極《きわ》めてから話し合おう

キーワード

対審

小学生の頃《ころ》、ネコが1匹《ぴき》、駅前にすんでいました。このネコは「ゴローさん」と呼《よ》ばれていました。ネコに「さん」付けなんて、ちょっとおかしいと思うでしょう。でも、ゴローさんは、普通《ふつう》のネコとは明らかに違《ちが》いました。何しろ態度《たいど》がでかいのです。人間を見ても、逃《に》げる気配を見せません。その迫力《はくりょく》に、私たちは恐《おそ》れを抱《いだ》いていました。

ある日、トミナガが、いつになく悔《くや》しそうに訴《うった》えました。「ゴローさんが、あごで『あっちいけ』ってやってきたんだ。あぜんとしていたら、明確《めいかく》に『どけ!』とまで言った」。トミナガがしぶしぶ道をあけると、ゴローさんは「最初《さいしょ》からそうしてろ」と言うかのように、不機嫌《ふきげん》そうに通りすぎたそうです。

その話を聞いていたタナカ君が、「ネコは、人間を人間だと思っていない。自

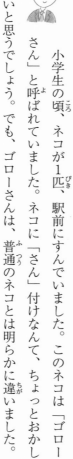

分と同じネコの一種《いっしゅ》だと思っているんだ」と解説しました。私たちは、これを聞いて、ゴローさんをより深く理解《りかい》しました。「俺はネコの中でも特《とく》に偉《えら》いネコだ」と思っているゴローさんの態度は、このままではどんどん大きくなる一方でしょう。「そろそろゴローさんと対決すべきときが来たな」というヨネダ君の言葉を機《き》に、私たちは「ゴローさん作戦」を練ったのでした。「ゴローさん作戦」の内《ない》容《よう》が気になるところですが、それは次回に取っておきましょう。

さて、「相手を何だと思うか」は訴訟《そしょう》でも大切です。訴訟では、法的な権利・義《ぎ》務《む》があるかどうかを争います。もしも、「訴《うった》える側も、訴えられた側も、同じ人間。知っていることも、考え方も同じ」と考えるなら、訴える側の意見だけ聞いて、判決《はんけつ》を出せばよいということになるでしょう。しかし、土地の所有権《しょゆうけん》をめぐって、「俺のだ」「いや私のだ」と争うときに、どちらも同じ事実を前提《ぜんてい》として、それを同じように評価《ひょうか》しているなんてことは、あり得《え》ません。違うからこそ、争いが生じるのです。

そこで、憲法は、「訴訟では、双方《そうほう》の当事者が主張《しゅちょう》や証拠《しょうこ》を出し合う『対審《たいしん》』を行わなくてはならない」と定めました。「対審」があれば、相手が自分と違う**主張をしたときには、反論《はんろん》ができますし、事実の理解がどこでずれているかもわかります。**

訴訟では、「相手もネコだから、同じことを考えているはずだ」と思ってはいけません。違いを前提に、お互いの主張を十分に出し合うことが大切です。

キーワード【対審《たいしん》】憲法82条は、「裁判の対審及《およ》び判決《はんけつ》は、公開法廷《こうかいほうてい》でこれを行ふ」と定めています。ここで言う「裁判」とは、法律上の権利や義務《ぎむ》があるかどうかの争《あらそ》いを判断するものです。逆《ぎゃく》に言うと、権利があることを前提《ぜんてい》に、「それをどう実現《じつげん》するか」を相談するような場合には、必《かなら》ずしも「対審」はいりません。

お題

「4月に始めること」

といえば、

筋《きん》トレ!

50 憲法に書かれていない「自由」を満喫《まんきつ》するには？

キーワード

一般的自由権

駅前のネコ、ゴローさんに「どけ！」と言われたトミナガのため、私たちは逆襲方法《ぎゃくしゅうほうほう》を考えました。タナカ君によれば、ゴローさんがトミナガに尊大《そんだい》な態度《たいど》を取ったのは、「お前もネコの一種だ」と思っているからです。私たちは、「トミナガが『百獣《ひゃくじゅう》の王』つまりライオンに変身《へんしん》すればよいのだ」との結《けつ》論《ろん》に達《たっ》しました。

トミナガは、まず、段《だん》ボールをドーナッツ状《じょう》に切り抜《ぬ》きました。それにフサフサを貼《は》り付けて、たてがみにしようとしたのです。ただ、なかなかフサフサはありません。ヨネダ君とトミナガは町中を探《さが》しまわり、ついに公園でフサフサを発見しました。それをのりで貼り付けると、確《たし》かにライオンのようでした。

トミナガは勇気《ゆうき》を奮《ふる》い起《お》こして、ゴローさんと対面しました。しかし、ゴロー

さんはおびえるどころか、「それよこせ」とトミナガの顔に襲《おそ》い掛《か》かり、自慢《じまん》のたてがみで遊びだしました。なんと、公園で見つけたフサフサは「ネコジャラシ」だったのです。

こうしてトミナガは、「ハリボテの仮装《かそう》に頼《たよ》るからこうなるんだ。真面目に筋《きん》トレして、ゴローさんに認《みと》められよう」と誓《ちか》ったのでした。

ところで、「筋力《きんりょく》トレーニングをする自由」は、何の自由なのでしょうか。鍛《きた》え上げた筋肉《きんにく》を人に見せつけることはあっても、トレーニング自体は人に見せるものではないので「表現《ひょうげん》の自由」ではない。宗教活動《しゅうきょうかつどう》でもないので「信教の自由」でもない。お金を稼《かせ》ぐわけではないので「営業《えいぎょう》の自由」でもない。

実は、人々が満喫《まんきつ》している「自由」の中には、具体的《ぐたいてき》に「この自由を保障《ほしょう》する」と憲法に書かれていないものがたくさんあります。しかし、**憲法に書かれていないからといって、国家権力《こっかけんりょく》が好き勝手《かって》に禁止《きんし》できては、私たちの自由はどんどん奪《うば》われていきます。**例えば、国会議員《こっかいぎいん》や総理大臣《そうりだいじん》が、「暑苦しいから筋トレ禁止」なんて言い出したのではたまりません。

そこで、憲法13条は、「自由……に対する国民の権利については、公共の福祉《ふくし》に反しない限《かぎ》り、立法その他の国政《こくせい》の上で、最大《さいだい》の尊重《そんちょう》を必要《ひつよう》とする」と定めました。他の人の権利を侵害《しんがい》するような自由は認められませんが、筋トレの自由、モノポリーを楽しむ自由、逆立《さかだ》ちする自由、などなど、ありとあらゆる自由は、13条で保障されます。

キーワード【一般的自由権《いっぱんてきじゆうけん》】憲法13条が保障《ほしょう》する「どんなことでもする自由」のことを「一般的自由権」と言います。「自由を主張《しゅちょう》したいのに、憲法にこの自由の条文《じょうぶん》がないぞ」と思ったら、憲法13条を使いましょう。憲法は、全ての自由を保障しているのです。

お題

「4月に始めること」

といえば、

冷やし中華《ちゅうか》！

51 決断《けつだん》する前には、十分な説明を聞いてから

キーワード
自己決定権の根拠条文

6年生の3月、卒業式《そつぎょうしき》の練習が始まったある日、先生が言いました。「毎年恒例《こうれい》の卒業生のお別《わか》れの言葉です。誰《だれ》がどこを言うか、決めてください」。これを聞いて、フジタ君は怒《おこ》り出しました。「卒業生の言葉なのに、内容《ないよう》を先生が決めるのはおかしい！」ヨネダ君も私も「そうだそうだ」と続《つづ》きます。先生がいくらなだめても収拾《しゅうしゅう》がつきません。「卒業生の言葉は、卒業生それぞれが一番の思い出を語ろう」とのトミナガの提案《ていあん》に、先生も押《お》し切られることになりました。

トミナガ他、大食い男子ズの一番の思い出は、当然《とうぜん》、給食。お別れの言葉は、ひとしきり先生にお礼を述《の》べたのち、ヨネダ君「あさつゆのようにうるおったメロン」→アカダ君「5つの大陸《たいりく》を旅して、最後《さいご》にたどり着いた境地《きょうち》のカレーライ

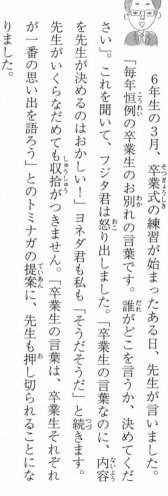

ス」→タナカ君「揚《あ》げパンと牛乳《ぎゅうにゅう》の奇跡《きせき》の出合いを求《もと》め、僕たちは給食室に駆《か》け付けた」と、好きなメニューを列挙《れっきょ》し続ける流れになりました。ちなみに、トミナガのセリフは、「心躍《おど》る、『冷やし中華はじめました』の日」でした。「えんえんと食べ物の話が続くのはいかがなものか」との意見はもちろんありました。しかし、「卒業生の言葉は卒業生自身が作る」という立派《りっぱ》な理念を実現でき、我々は、自分たちの卒業式に大満足《だいまんぞく》でした。

「自分のことは自分で決める」という理念は、憲法でも大切にされています。個《こ》人《じん》の尊重《そんちょう》を定めた憲法13条が「自己決定権《じこけっていけん》」を保障《ほしょう》している、と理解《りかい》されています。「どんな学校に行くのか」「病気になったとき、どんな治療《ちりょう》を受けるのか」「誰と結婚《けっこん》するのか」など、人生にはさまざまな決断《けつだん》が必要《ひつよう》となります。自己決定権は、そういったさまざまな事柄《ことがら》を自分で決める権利です。

自己決定権を実現《じつげん》するには、大切なことが二つあります。第一に、その人自身に決めさせる機会《きかい》を与《あた》えること。第二に、決めたことがどのような意味を持つのか、十分な説明《せつめい》を受けること。

例えば、ある高校が「丸坊主強制《まるぼうずきょうせい》」の校則があることを隠《かく》していたとしましょう。何も知らずに入学した生徒に「あなたはこの高校に入学を決めたのだから、丸坊主になることを自分で選《えら》んだのです」とは言えないですよね。

「自分で決めた」と言えるには、十分な説明を聞いたうえで、意思決定する機会が与えられなければいけません。

キーワード【自己決定権《じこけっていけん》の根拠条文《こんきょじょうぶん》】憲法上の権利の中には、表現の自由（21条）、生存権（25条）など、条文にそのものずばり書かれているものもあります。しかし、憲法13条は、憲法に具体的に書かれていない権利を根拠づける条文と理解《りかい》されています。自己決定権は、憲法に直接は書かれていませんが、憲法13条によって保障《ほしょう》されると理解されています。

お題
「4月に始めること」
といえば、

進化します！

52 よりよい商品やサービスも支えている憲法

キーワード
営業の自由

ある日の掃除《そうじ》の時間。私たちの手際《てぎわ》があまりに悪いことに気づいた先生が、「掃除のやり方を進化させなさい」と言いました。「進化」とは、動物の群《む》れの中に「それまでになかった特徴《とくちょう》」を持つ個体《こたい》（例《れい》：空を飛《と》べるネコ）が現《あらわ》れ、その特徴が生きていくのに有利（例：空を飛べると、エサをとりやすい）だと、その個体の子孫《しそん》が多く生まれるので、その動物の群れ全体にその特徴が広まる（例：ネコみんなが空を飛ぶようになる）ということです。

となると、掃除を進化させるには、「それまでになかった掃除」を考え、試《ため》す必要《ひつよう》があります。そこで私たちは、「雑巾《ぞうきん》をしぼらない掃除」や「念力《ねんりき》を使う掃除」を試《こころ》みましたが、教室はちっともきれいになりません。

いろいろ試した結果《けっか》、ほうきとテニスボールでホッケーをやると「とても楽しい」ことがわかりました。これはトミナガにより、「ほうきでやるホッケーだからホッキー」と名付けられ、私たちの掃除はスポーツへと進化しました。

私たちはこの進化に大満足《だいまんぞく》でしたが、先生には怒《おこ》られてしまいました。確かに、「教室をきれいにする」ための進化と、「楽しい」のための進化では、全く意味が違《ちが》います。

ところで、私たちが日々行う「経済活動《けいざいかつどう》」にも、「進化」と似《に》たことが起こります。経済活動とは、商品やサービスを生み出し、それをお金や他の商品・サービスなどと交換《こうかん》し合うことです。

商品の品質《ひんしつ》を保《たも》ちながら、その商品をより安く作る方法《ほうほう》を考えたり、多くの人が欲《ほ》しがる新しい商品・サービスを生み出したりすれば、それだけたくさんのお金がもらえます。ですから人々は、技術開発《ぎじゅつかいはつ》や商品開発を熱心《ねっしん》に行います。また、より優《すぐ》れた商品・サービスが新たに生まれれば、古い商品・サービスは市場に出回らなくなっていきます。経済活動が行われる市場では、日々、商品やサービス、そしてその作り方が進化していくのです。

こうした**活発な経済活動を支えるのが、市場で自由に商品・サービスを提供《ていきょう》して交換してもよいという権利を保障《ほしょう》した「営業《えいぎょう》の自由」**です。営業の自由が憲法で保障されているからこそ、私たちは、よりよい商品やサービスを考え出すための創意工夫《そういくふう》や努力《どりょく》をし、また、よりよい生活ができるようになるのです。

キーワード【営業《えいぎょう》の自由】憲法が営業の自由を保障《ほしょう》する理由は二つあるといわれます。一つ目は、生活に必《ひつ》要《よう》なお金を稼《かせ》ぐため。二つ目は、経済活動《けいざいかつどう》を通じて、自分の個性《こせい》を発揮《はっき》するため。皆さんも、経済活動の場では、バンバン創意工夫《そういくふう》して、人々が喜ぶものを作り出してください。それは社会のためにもなるのです。

一万年後《いちまんねんご》シリーズ
いまから一万年後《いちまんねんご》 人類《じんるい》は
掃除機《そうじき》に進化《しんか》する（かもしれない）
モーター心臓《しんぞう》
サイクロン肺《はい》
ピカ
ピカ
ピカ
モップ足《あし》

お題

「4月に始めること」といえば、

集中力を高めます！

53 なぜ憲法はなかなか真似《まね》できないのか？

キーワード

最高法規

ある日、「駅前スーパーの前でトミナガ兄が後ろ向きで歩いていた」との情報《じょうほう》が拡散《かくさん》しました。目撃者《もくげきしゃ》のフジタ君とヨネダ君によると、トミナガ兄は、友人とふざけていたわけでもなく、1人で淡々《たんたん》と後ろ向きで歩いていたというのです。「人も多いし、ぶつかるのでは？」と心配して見ていたのですが、トミナガ兄は、背中《せなか》に目がついているかのように、器用《きよう》に通行人をかわして後ろ歩きを続《つづ》けていたそうです。

後日、トミナガが「なぜそんなことをしていたのか？」と確認《かくにん》すると、トミナガ兄は「集中力を鍛《きた》えるためだ」と説明《せつめい》したそうです。トミナガ兄は、とんでもない集中力で通行人の存在《そんざい》を感じ取り、次々によけていったというのです。本当に恐《おそ》ろしい人でした。ただし、私たちが試《ため》してみたところ、通行人はおろか、お

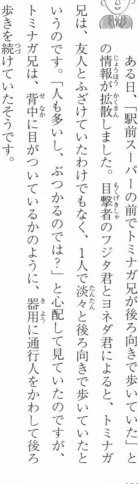

互《たが》いにぶつかってけがをする始末《しまつ》。よい子はマネしてはいけません。
ところで、なかなかマネできない条文《じょうぶん》に、憲法98条があります。この条文は、なんと「この憲法は、国の最高法規《さいこうほうき》」だと宣言し、自分に反する法律や命令《めいれい》は一切効力《こうりょく》を持たないと定めています。表現《ひょうげん》の自由を侵害《しんがい》する法律、財産権《ざいさんけん》を侵害する命令など、憲法に違反《いはん》する法律・命令は、憲法98条により無効《むこう》になってしまうのです。

しかし、ちょっと考えてみてください。憲法は自分で「自分が最高法規だ」と言っているわけです。もし自分で宣言するだけで最高法規になれるなら、トミナガがノートに「このノートは最高法規だ」と書けば最高法規になってしまうでしょう。それは変《へん》です。

ではなぜ、憲法は最高法規なのでしょうか。その理由は、憲法98条の一つ前の憲法97条に書いてあります。97条は「この憲法が日本国民に保障《ほしょう》する基本的人権は、人類《じんるい》の多年にわたる自由獲得《じゆうかくとく》の努力《どりょく》の成果《せいか》であって、これらの権利《けんり》は、過去《かこ》幾多《いくた》の試錬《しれん》に堪《た》え、現在及《げんざいおよ》び将来《しょうらい》の国民に対し、侵《おか》すことのできない永久《えいきゅう》の権利として信託《しんたく》されたものである」と定めます。**人類の努力の成果である人権を保障し、それを受け継《つ》ぐための法だからこそ、憲法は最高法規になるということですね。**

キーワード【最高法規《さいこうほうき》】国内にある法規範《ほうきはん》には、主権者《しゅけんしゃ》である国民の定める憲法、国会が定める法律、内閣が決める政令《せいれい》、財務省《ざいむしょう》や国土交通省などの省庁《しょうちょう》が定める省令《しょうれい》や規則《きそく》など、さまざまな種類《しゅるい》があります。最高法規とは、これらの中で、最も強い効力《こうりょく》がある法規範のことです。法律や政令は、最高法規に違反《いはん》してはいけません。

［おまけ］

ほとんど友達のトミナガさんと語る——学校のルールとは何か

この本にしばしば登場するトミナガ。実は、彼には実在のモデルがいます。それが福永裕義《ふくながひろよし》さん。私の小学校時代からの友達です。

上巻では福永さんと「友達」について話しましたが、今回は、「学校のルール」がテーマです。新聞連載の読者の皆さんに「学校の変なルール」を事前に送ってもらい、それをもとに、校則について考えてみました。彼の本名は福永ですが、読者の皆さんにわかりやすいよう、「トミナガ」でいきましょう。

学校のルールとの付き合い方

トミナガ　学校って、変なルールがいろいろあったよね。ロケット鉛筆は、何でダメだったんだっけ？

木村　さあ……「集中できない」とか？

トミナガ　鉛筆の濃《こ》さも、「Bから2B」とか決まってた。オレ、5B使ってたんだよ。数字が大きいほうが偉《えら》い気がして……。

木村　5Bって、柔《やわ》らかすぎるよ！　美大の人が、デッサンとかで使うやつでしょ。

トミナガ　やけにすぐなくなるなー、とは思ってた。

木村　いつ頃、間違っているって気づいたの？

トミナガ　だんだん「使いにくいな」って思い始めて、先生の言うことにも一理あるな、と思った。

木村　そういえば、学校のルールを守らないとマイナスポイント付けて、たまるとペナルティみたいなことする学校があるらしいんだよね。

トミナガ　減点方式って、暗い発想が嫌だな。

木村　せめて、頑張った人への加算にすべきだよね。ポイントがたまった子には、ご褒美《ほうび》をあげる。

トミナガ　でも、給食でから揚げ追加とか、プリンをあげるとかだと、生なましすぎるよね。

木村　じゃあ、「朝礼でアカデミー賞風の挨拶《あいさつ》をする権利」とかどう？　アカデミー賞って、「あの演技ができたのは、子どもの頃おばさんがしつけてくれたおかげです」とか「今日ここにいるのはプロデューサーのおかげです」とか言うでしょ。

トミナガ　「手を挙げられたのは、質問をしてくれた先生のおかげです」、「遅刻しなかったのは、毎朝起こしてくれた目覚まし時計のおかげです」、「廊下《ろうか》を走らなかったのは、友達のトミナガ君がいつもゆっくり歩いてくれたからです」とかやるのか。

木村　そうそう。表彰される人以外の人も嬉《うれ》しくって、明るい学校生活が送れそうじゃん？

［変なルールその1］

友達のことを「さん付」で呼びましょう

木村　そろそろ、読者の皆さんが送ってくれた「学校の変なルール」を見てみようか。まずは、これ。「友達のことを○○さんと、さん付で呼びましょう」。

トミナガ　あだ名が、アホウドリだったら「アホウドリさん」、ワガママタロウだったら「ワガママタロウさん」って呼べってこと？

木村　んなわけないじゃん。普通に考えたら、「呼び捨て禁止」だけじゃなく、「あだ名禁止」も入ってるでしょ。

トミナガ　1クラスに1人はいるもんね。すごいあだ名。

木村　ザツモクリンっていたよね。国語の時間に「雑《ぞう》木林《きばやし》」をザツモクリンと読んでしまったばかりに、定着しちゃったケース。

トミナガ　ちょっと格好いいもんね。昔の中国の哲学者とか武道家とかにいそう。

木村　あだ名って、突然つくからね。ある日、「サトウ君」が「うりゃあ」になってて、びっくりした。

トミナガ　ゲーム中に「うりゃあ」「うりゃあ」って言ってたから、そう呼ばれたんだけど、その場にいなかった人には、何のことだかわかりゃしない。

トミナガ　サイトウ君なのに「田中《たなか》」ってのもあったよね。住んでいるのが田中町だから、って。

木村　田中町に住んでいる子は他にもいっぱいいるのに、なぜかサイトウ君だけ「田中」だったね。授業中とか、混乱したよね。先生が「サイトウ君」って呼ぶと、「えっ、誰？　田中のこと？」みたいな。

トミナガ　話を戻すと、このルール、相手が嫌がるような呼び方をやめるのが目的なんだろうけど、「全員苗字で呼びましょう」ってのは、いかにもやりすぎだなあ。

木村　じゃあ、あだ名の許可制にしたら？　「サイトウ君は『田中』って呼んでいいですか？」って、一つ一つ決めていく。

トミナガ　その許可は、誰がどうやって判断するの？　多数決は、絶対にダメだよ。いじめの温床だから。

木村　そりゃそうだね。でも、学校って、多数決好きだよね。

トミナガ　わかりやすいし、先生も楽なんだろうね。

木村　最近、「組《く》み体操《たいそう》は危険だけど、今後も続けるか」について、生徒投票した学校があったらしいよ。

トミナガ　多数決で勝つと、組み体操が危険じゃなくなるわけ？

木村　だったらいいよねー。交通事故も台風も、多数決でなくせるよ。

トミナガ　多数決で決めていいことと、ダメなことってあるんだよね。オレは、自分の昼食を多数決に任せる気はない。

木村　話を元に戻すと、あだ名を先生の許可制にしても、先生も困るよね。「うりゃあ」は、本人も気に入っていたように見えたけど、先生は「ＯＫ」とは言いにくいだろうな。ちなみに、私のあだ名は「河童《かっぱ》」だった。

トミナガ　そうだね。オレは、20年くらい、草太のことを河童って呼んでた。

木村　というか、あんたしか呼んでいない。

トミナガ　いやいやシュウジ君も呼んでた。お気に入りの緑のチョッキと、得意の平泳ぎが、ポイントだったね。草太は運動音痴《おんち》だけど、平泳ぎだけは速かった。「こいつは河童にちがいない、今日からお前は河童だ」と言ったかは忘れたけど……。

木村　河童は蔑称《べっしょう》じゃなくて、平泳ぎがうまいことへの尊称《そんしょう》でしょう？

トミナガ　水木しげる先生の読者なら、尊称で納得するはず。

木村　でも、自分の子どもが河童と呼ばれていたら、心配になるよね。

トミナガ　う〜ん、親や先生の心配まで言い出すと、何もできなくなっちゃうよね。やっぱり、あだ名は「本人がイヤと言ったらダメ」っていうのが筋《すじ》だと思うよ。

木村　「人が嫌がることはやめよう」というのが目的なら、「本人が嫌がるあだ名はやめましょう」というルールにすればいいはず。「○○さん」以外の呼び方を禁止するのは、明らかな過剰規制《かじょうきせい》だね。憲法学的に見ても、過剰規制をやめさせるためには、趣旨《しゅし》を明確にするのがポイントなんだ。ただ、「イヤだ」と言える空間づくりができるかは、案外、難しそうだけどね。

トミナガ　まぁ、いじめられている子に、「イヤならイヤって言えばいい」なんて言うのは、無茶だよね。イジメをコントロールする難しさを知っている先生からしたら、「○○さん」の強制《きょうせい》も、わからなくもないのだけど。でも、やっぱりイヤなルールだな。

［変なルールその2］筆箱に栓抜《せんぬ》きはつけちゃダメです

木村　次のお便りは、「筆記用具をしまう以外の機能《きのう》のついた筆箱禁止」。いろいろな機能があると、ガチャガチャ遊ぶ子が出てくるから、というのが理由だろうね。筆箱についていると嬉しい機能って何だろうね？

トミナガ　「どこでもドア」とかいいよね。「学校でなくしたものを自動的に発見する装置《そうち》」とかも。

木村　それ、もはや筆箱関係ないよね。ドラえもんじゃないんだから。

トミナガ　ドラえもんと言えば、「あってもありがたくない秘密《ひみつ》道具コンテスト」やったよね。

木村　私が考えたのが、「塩味の白い粉」。

トミナガ　うわー、意味ない。それ、ただの塩じゃん。

木村　あと、「シミ消し器」。醤油《しょうゆ》やケチャップのシミがついた服を道具に入れると、全部、シミと同じ色に染めてくれて、シミが目立たなくなる。

トミナガ　それ、シミ消してるんじゃなくて、全部シミにしてるだけじゃん。

木村　話がそれすぎだな。ちょっと戻そう。筆記用具についての「謎《なぞ》ルール」は他にも来ていて、例えば、こちら。「消しゴムは白一色。黒を持ってきたら没収」。

トミナガ　没収して、どうするんだろう？　先生がもらって、職員室で使っちゃうの？　それとも学校の財産になるのかな？

木村　没収しといて、学校が、消しゴム忘れた子に貸すとか？　「黒い消しゴムは禁止だけど、貸してあげます」って。

トミナガ　銃刀法違反《じゅうとうほういはん》で没収した拳銃を、警察が「拳銃持ってないの。しょうがないなあ」って貸してあげたら、やばいよね。

木村　それとこれとは違《ちが》うような気もするけど、同じような気もする。

トミナガ　ここでも、やっぱり、「そのルールで、何をしたいのか」という目的が大事だよね。拳銃がダメなのは誰でもわかるけど、黒い消しゴムがダメな理由はさっぱりわからない。先生は、ちゃんと説明しないとね。

［変なルールその3］
恐怖!!　宿題の増える体育

木村　次は、「体育で20秒以内に整列しないと、連帯《れんたい》責任《せきにん》として、クラス全員で漢字の熟語をノートの3見開き以上に書く」。私なら、筆を使って、1ページに1文字書いて終わらせるな。

トミナガ　マス目があるでしょうが。

木村　だって、1マス1文字なんてルールに書いてないし。しょうもないルール見ていると、抜け道探すのが楽しくなっちゃうな。

トミナガ　それにしても、なんで「1分」でも「10秒」でもなくて、「20秒」なんだろう？

木村　40秒ならわかるよね。

トミナガ　あー、40秒なら仕方ない。『天空の城ラピュタ』見てる人ならわかる。40秒で支度しないと、飛行艇に乗れないもんな。

木村　あのとき、主人公が41秒かけてたら……。

トミナガ　世界は火の海だよ～。

木村　それにしても、このルール陰湿だよね。「整列する必要性がある場面なのか」もいまいちよくわからないけど、仮に、整列が必要だったとして、「クラス全体にペナルティ」ってとこがね。

トミナガ　連帯責任って、子どもどうしで非難《ひなん》しあうから、先生はラクなんだろうね。目先のペナルティ回避《かいひ》に躍起《やっき》になって、「そもそも変なルールを作ったやつが悪い」って事実から、目をそらさせる。

木村　法的に考えると、連帯責任って、「責任者の中から、誰か1人がやればよい」ってものなんだよね。例えば、大学のサークル旅行で、宿の1万円のテレビを壊《こわ》しちゃったとしよう。このとき、1万円の賠償《ばいしょう》について、サークルメンバーの連帯責任になる。この1万円は、誰かが1人で払ってもいいし、みんなで分担してもいい。

トミナガ　誰でもいいからやればよい、というのが連帯責任なのか。

木村　ということは、体育では……。
トミナガ　制限時間内に誰か1人でも整列していればよい。
木村　遅刻もそうだよね。クラスの誰か1人が8時に教室に居れば、連帯責任としての「遅刻しない責任」は果たしたことになる。
トミナガ　ずいぶんハッピーだな。しかし、さぼりや遅刻が増えそうだ。
木村　でも、それが連帯責任の本来の在り方だよ。
トミナガ　じゃあ、どんどん連帯責任にするか。
木村　でも、連帯責任やりすぎると、できる子がつらくなっちゃうんだよね。「給食をクラス単位で完食する」とか。
トミナガ　えっ、完食？　何が大変なの？
木村　いや、クラスにあんたがいれば問題にならないよ。最近の学校では、クラスごとに食べ残しゼロを競っているところもあるらしいんだよね。責任感の強い子が、おかわりを期待されて、つらい思いをするとか。
トミナガ　給食は、完食とかつまらないこと言わずに、「好きなものを好きなだけ」、「食べたいものを食べられるだけ」が良いよ。
木村　あんたの場合は、結局、完食だけど。
トミナガ　完食と言えば、オレらの学校では、欠席者がいると、その分だけ分量を減らされてたよね。オレは、自分が日直のときは、必ず「欠席者ゼロ」って給食室に報告してた。どこのクラスもインフルエンザで休みが多いのに、なぜか、うちのクラスだけフルメンバーみたいな。
木村　やってたねえ。まあ、合唱祭にしても、なんにしても、嫌いなことを無理にやらずに、好きなことを見つけるのがいいんだよ。とは言え、ちょっと困るのは、男の子って、好きなことになると見境がなくなるよね。
トミナガ　テレビゲームとかね。でも、だからと言って、禁止するとかえってよくないと思うんだ。
木村　絶対に隠《かく》れてやるからね。家で禁止されたら、友達の家でやる。友達の家がダメなら、公園に秘密基地作ってでもやる。
トミナガ　オレらの小学生の頃に流行したゲームって、なんだっけ？
木村　ロックマンとか。
トミナガ　ロックマンはさあ、目の前で爆弾が爆発しても倒れないのに、針にささると一発で死んじゃうんだよね。
木村　変な設定だよね。悪役ドクター・ワイリーも、さっさと針連発するロボット作ればいいのに。
トミナガ　ああ、ニードルマンは怖かったよね。あの針にあたると一発かもって。
木村　でも、ニードルマンの針では、一撃ではやられないんだよね。
トミナガ　ドラゴンクエストを一緒にやったのが、4か5まで。6が高校の頃だっけ？
木村　大学のとき、4のリメイク版が出て、夜中に、電話かけてきたよね。「隠しダンジョンの入り口がわからん。教えろ！」って。
トミナガ　うわー、すごいどうでもいい電話。それ夜だったら怒るよね。
木村　確か、試験の前日かなんかだったんだよ。
トミナガ　まあ、男の子は、やりたいことがあると止まらないからね。ゲームの話だけでも、全然とまらない。これを読んでる親御さんも、完全に禁止するんじゃなくて、うまい付き合い方を考えてあげてください！
木村　禁止したって、絶対にやめられないから、生活に支障《ししょう》がないようにコントロールするのが大事だよね。「宿題を全部終わって、お風呂入って歯を磨いてから」とか、「9時になったら、何があっても電源抜く」とか、「遅刻した翌日は禁止」とか。それぞれの家のルールをうまいこと作ってください。
　あと、日常生活に支障があるほどゲームにのめりこんでいるのなら、ゲーム依存症《いぞんしょう》の可能性も考えないと。そうなると家族だけでは限界があるから、きちんと専門のお医者さんに相談しましょう。アルコールでもなんでもそうだけど、依存症の対応を家族だけで抱え込むことは、美談ではなく、不適切対応です。

［おわりに］
訳のわからないルールは、だいたい黒魔術対策

トミナガ　しかし、最後まで黒い消しゴムがだめな理由がわからなかったなー。
木村　黒魔術の結社でもあるんじゃないか？
トミナガ　ああ黒魔術か。それはヤバいな。
木村　黒魔術には、いろいろ素材が必要だからね。イモリの黒焼きとかさ。
トミナガ　「先生が座るイスを異様に冷たくする術」だったら、ミカンの皮と、あまりとがってない鉛筆、それに、冷凍庫で5分冷やした三角定規が必要だよね。
木村　「いじわるした友達が、日直で号令をかけるとき、くしゃみが止まらなくなる術」だと？
トミナガ　それはかなり高度だな。5Bの鉛筆と、黒コショウ、それに蛇の抜け殻、ってとこだ。
木村　ふーむ、となると、黒い消しゴムも、何か黒魔術の素材になると考えるのが自然だな。
トミナガ　「学校の変なルール」ってのは、黒魔術対策だったのか。
木村　黒魔術だとすると、先生に聞いても、「とにかくルールだから従え」って言われるのもよくわかるな。黒魔術の秘伝を子どもに教えるわけにはいかない。でも、学校によって禁止内容が違うのはなぜなんだ？
トミナガ　立地だろう。オレ達の学校は、もともと墓がたくさんあったところを整地してつくったとこだったはず。そういうところでは、他の学校では発動しな

い魔法が発動するんだよ。
木村　だから「変なルール」がいっぱいあったのか！
トミナガ　先生も仕方なかったんだね。
木村　急に、変な校則の味方になっちゃったな。
トミナガ　オカルトな話がでるとつい同情しちゃうんだよね。

木村　今回も全く教訓《きょうくん》が出てこないで終わっちゃったな。
トミナガ　おかしなルールについて考えても、おかしな話しかできないっていうのが教訓でしょ。
（『ほとんど憲法　上』「おまけ」では「友達」について考えています）

Special thanks

たのしいどす〜
リン to ココ
ホットコーヒー1・9
ビッツァーさん
スープ・ド・オミソ
スティッチ大好き
とうこ
キュアパンダ
ASKA
ささたろう
DUffY
エテュディエ・レルネ
マンマミイヤ
いっしー
夜はカブトとり
Ｙっち
猫
夏歩
ぴかりん3104
冗談でできたワニ
松村花朋
なっちゃん
浅原芙香
モルモットバナナ
しろっくま
パリスミレ
はすうさぎ
あーちゃん
5Sシャーベット
まっちゃいちご
エレキング
398
奥野史香
徳川君
亥いの子
成田帆花
成田実帆
NANAsaka
バスケ虫
ミニチュア雪だるま

※今回はご連絡がとれた方のみ掲載させていただきました。ここには掲載できなかった連載時に質問を寄せてくださった皆様も、ありがとうございました！

本書は、毎日小学生新聞にて連載中の「ほとんど憲法」より、
2018年3月30日から2019年3月30日までに掲載分を再編集し、上下巻に分けてまとめたものです。

ほとんど憲法 下
小学生からの憲法入門

2020年2月18日　初版印刷
2020年2月28日　初版発行

著者
木村草太

絵
朝倉世界一

デザイン
三木俊一（文京図案室）

発行者
小野寺優

発行所
株式会社河出書房新社
〒151-0051
東京都渋谷区千駄ヶ谷2-32-2
電話 03-3404-1201（営業）
03-3404-8611（編集）
http://www.kawade.co.jp/

印刷
株式会社亨有堂印刷所

製本
大口製本印刷株式会社

Printed in Japan
ISBN978-4-309-24950-6
落丁本・乱丁本はお取り替えいたします。

木村草太《きむら・そうた》
1980年生まれ。首都大学東京法学部教授。専攻は憲法学。著書に『憲法の急所』『キヨミズ准教授の法学入門』『憲法の創造力』『集団的自衛権はなぜ違憲なのか』など、編著に『子どもの人権をまもるために』など。

朝倉世界一《あさくら・せかいいち》
1965年生まれ。漫画家。著書に『デボネア・ドライブ』『おれはたーさん』『春山町サーバンツ』『モリロクちゃん』など。